教えて、釈《しゃく》先生！子どものための仏教入門

釈 徹宗　谷口雅美

〔絵〕細川貂々

講談社

教えて、釈《しゃく》先生！
子どものための仏教入門

もくじ

豚肉《ぶたにく》を食べないのもお祈《いの》りをするのも、『神さまとの約束《やくそく》』
お祈りは神さまのことだけを考える時間
宗教の時間は『非日常《ひにちじょう》』
イスラム教以外でも、食べてはいけないものがある！
ほかの国の宗教を知る前に、まず、身の回りのものに注目！
宗教を持っている人と、考え方が合わないときは『戸棚《とだな》』に置《お》いておく！

第四章 お墓《はか》には不思議《ふしぎ》がいっぱい

仏教が教える四つの苦しみ、『生老病死《しょうろうびょうし》』
仏教は、生きることや死ぬことについて教えてくれる
日本では火葬《かそう》が一般的《いっぱんてき》
お骨《こつ》の埋《う》め方《かた》は、お墓や地域《ちいき》によって違う

墓石《はかいし》に書く言葉もそれぞれ。好《す》きな言葉を書いてもいい！
墓地《ぼち》で見かけるナゾの板は『卒塔婆《そとば》』。亡《な》くなった人にお供《そな》えする
お盆《ぼん》とお正月には地獄の鬼《おに》たちもお休みをとる
お墓は埋葬《まいそう》する場所、お仏壇《ぶつだん》は仏《ほとけ》さまをおまつりする聖《せい》なる場所
「お墓はこわい」は当たり前！

コラム3

お寺には必ずお墓があるわけじゃない!?
ヒンドゥー教徒《きょうと》はお墓がない！

第五章

ブッダってだれのこと？　お経《きょう》ってなぁに？…………

阿弥陀《あみだ》さまは、みんなを救《すく》う仏さま

悲しみはごまかさず、ちゃんと泣《な》いたり悲しんだりするほうがいい
大きな悲しみは、少しずつ受け止めていく
つらくて苦しい死が、大事なことを教えてくれる
死んだ人やペットのことを語り合うことで、悲しみを受け止める

第七章
お葬《そう》式《しき》のアレコレ

昔のお葬式では白い着物を着ていた！
お葬式は、入学式や卒業式《そつぎょうしき》と同じ『非日常の場』
お葬式にTシャツと短パンで行く国もある!?
お通夜《つや》とお葬式——『状態《じょうたい》』が変《か》わるときには『宗教儀礼《ぎれい》』をする
猿人《えんじん》のときは、お葬式がなかった！
お焼香《しょうこう》は、『仏さまにささげる』もの

お焼香は自己流《じこりゅう》ではなく、正式な方法《ほうほう》で！

コラム4

国によって『死者儀礼』を担当《たんとう》している宗教は違う！

第八章

お坊さんの仕事

お釈迦さまはすごいクセ毛だった！

頭をツルツルにする理由は欲望《よくぼう》を捨《す》てるため！

髪《かみ》の毛《け》をそらなきゃいけない宗派もあるし、そらなくてもいい宗派もある

釈《しゃく》先生がツルツルにしている理由は……

現代《げんだい》のお坊さんは洋服も着る！

お数珠《じゅず》の役割《やくわり》もだんだん変わってきた

登《とう》場《じょう》人《じん》物《ぶつ》

はじめに

みなさんは『仏教《ぶっきょう》』と聞いてどんなことを思《おも》い浮《う》かべますか？

遠足や旅行で見た大仏《だいぶつ》や仏像《ぶつぞう》？　ツルッパゲのお坊《ぼう》さん？　何を言っているのかわからないお経《きょう》？

「仏教なんて、わたしとは関係《かんけい》ない」「宗教《しゅうきょう》はこわい、近づきたくない」と思っている人もいるかもしれませんね。

ところで、『がまん』『上品』『ナイショ』がもともとは仏教の言葉だって知っていましたか？

わたしたちが当たり前のように思っているものは、仏教やいろいろな宗教から生まれた言葉や習慣《しゅうかん》だったりするのです。

仏教だけではなく、さまざまな宗教が生活に溶《と》け込《こ》んでいます。お正月にはたくさんの人が神社にお参《まい》りして、お盆《ぼん》にはお墓参《はかまい》りをして、クリスマスにはにぎやかにお祝《いわ》いをします。

ただひとりの神さまを信《しん》じている外国の人たちからすると、とても不思議《ふしぎ》なことだそうですが、『いろんな宗教となかよくできる』――それが日本人のいいところなのです。

みなさんも、なかよく話すことはできるけど、どんな子なのかよく知らない、というお友だちっていませんか？

日本人にとって仏教や宗教は、そういう『お友だち』なのです。

この本に出てくる釈《しゃく》先生は、そんな『お友だち』のことをくわしく知っているお坊さんです。

あなたが『お友だち』についてわからないことや、気になっていたけど聞けなかったことを教えてくれるかもしれませんよ。

釈先生を呼《よ》びとめる合い言葉を、あなたにだけ、教えておきますね。

合い言葉は……

『教えて、釈先生！』

第一章　仏教《ぶっきょう》ってなぁに？

五年生になって最初《さいしょ》の国語の宿題は「グループで四文字熟語《よんもじじゅくご》の意味と由来を調べること」。

わたしは、ハヅキちゃんとリクといっしょのグループだ。

いっぱいある熟語から『因果応報《いんがおうほう》』を選《えら》んだのはリクだった。

図書室で辞書《じしょ》をひくと――『よい行いをした人にはよい報《むく》い、悪い行いをした人には悪い報いがある』だって。

「よくわからないね」とわたしが言うと、リクが辞書を指さした。

「仏教の言葉って書いてあるな。近くのお寺に聞きに行っちゃおうぜ！」

お寺の門は開いていたけど、勝手に入っていいのかな、とわたしとハヅキちゃんはためらった。

でも、リクはズカズカ入っていって「ヒナコ、ハヅキ！　早く来いよ！」なんてわたしたちを呼《よ》ぶ。

仕方なく、わたしたちはリクのあとを追った。

「おや、いらっしゃい」

古くてお化けが出そうな建物《たてもの》から、お坊《ぼう》さんが出てきた。リクが宿題のことを話すと、「こちらへどうぞ」と手まねきする。

おっかなびっくり、『本堂《ほんどう》』という古い建物に入ると、わたしたちは円になって座《すわ》り、自己紹介《じこしょうかい》をした。

「わたしは釈徹宗《しゃくてっしゅう》といいます」

「じゃあ……釈先生って呼んでいい？」

「どうぞ、どうぞ」

『因果応報』はわすれたころにやってくる!?

わたしたちは釈先生に、『因果応報』の意味を聞いた。

「『いいことをすれば、いいことが起きる。悪いことをすれば、悪いことが起きる』。『因果応報』の意味は、辞書に書いてある通りです。やったこと、話したこと、考えたことは、必《かなら》ず何か次の結果《けっか》を生み出すんですよ」

「勉強しないでテストを受けたら0点、ってことだよね?」

リクの言葉に釈先生はうなずいた。

「その例《たと》えはわかりやすいですね。でも、テストはすぐ結果が出ますが、『因果応報』の場合、ずいぶん後になって結果が出てくることもあるんですよ」

わたしたちは、ええーと声をあげた。わすれたころに悪いことが起きたら、ちょっとイヤだなぁ。

いいことや悪いことって、どんなこと?

「人のことを思いやったり手助けをしたりするのはいいことで、生き物を殺《ころ》したり、人のものを盗《ぬす》んだりするのは悪いことですが、人に対して怒《おこ》ったり、憎《にく》らしいと思うだけでも『悪いこと』になるんです。たとえば——お友だちのイヤなところがひとつ気になりだしたら、どんどんイヤなところが増《ふ》えていく、というように」

わたしはドキッとした。本当は、リクの強引《ごういん》なところにちょっとうんざりしてたから。

「そういうことが重なっていくと、最後《さいご》は、そのお友だちの声を聞くのもイヤになったりするんです。イヤだなぁ、という気持ちが、お友だちとなかよく話せなくなる、という結果になったわけですね」

「そうならないためには、どうしたらいいんですか?」

いいところを見るようにすると……

「ためしに、そのお友だちの『いいところ』を考えてみるといいですよ」

リクのいいところは――明るい。だれとでも、すぐになかよくなれる。決めるのも行動を起こすのも早い。そういうところは、すごいな、と思う。

今日も、リクのおかげでこうやって釈先生と会えた。リクに「ありがとう」を言いたい気持ちがわいてきて、わたしはおどろいた。

「どうですか？　いいところを考え始めたら、そのお友だちのいいところがどんどん出てきて、イヤだな、と思っていた気持ちが減《へ》ってきませんか？」

わたしが大きくうなずくと、釈先生はニッコリ笑《わら》った。

「でも、そのお友だちはなにも変《か》わっていないんです。ヒナコさんがそのお友だちに対する見方をちょっと変えただけ。たったそれだけなのに、ヒナコさんの気持ちが変わった――『今』考えたこと、しゃべったこと、やったことで次の結果が変わる。これが仏教で考える『因果応報』です」

「ナイショ」も仏教の言葉だった！

「仏教から来た言葉って、ほかにもありますか……？」

ハヅキちゃんが小さな声で聞いた。珍《めずら》しい！　ハヅキちゃんはこういうとき、わたしやリクにまかせてずっと黙《だま》っているのに。

「そうですねぇ。たとえば、ナイショ話のナイショ。漢字で書くとこうです」と先生がハヅキちゃんから借《か》りたペンでメモ用紙に『内緒《ないしょ》』と書いた。

「でも、仏教ではこう書きます」と書いたのは『内証《ないしょう》』だった。

「この『証《あかし》』っていうのは『悟《さと》り』のことです。弟子《でし》の修行の進み具合は師匠が判断するのですが、師匠が弟子に『おまえはもう悟ったんだよ』と言ってあげることを、仏教では『内証を与《あた》える』と言います。二人だけのときに師匠が弟子に伝える様子から『ナイショ話』という言葉が生まれたのかもしれませんね」

わたしとハヅキちゃんが「へえ」と感心していると、リクが「釈先生！」と手をあげた。

「悟りってよく聞くけど、なに？」

「悟り」の第一歩は『自分の都合メガネ』を外すこと

「わたしたちの世界は、人によって見え方が違《ちが》います。絵をそのまま見たときと、色付《いろつ》きのメガネをかけたときでは見え方が全然《ぜんぜん》違うでしょう？　それと同じで、わたしたちはみんな、『自分の都合』というメガネをかけて、世界を見ているんですよ」

「意見が違っちゃうのは、かけてるメガネが人によって違うから、ですか？」

「ヒナコさん、その通り！　意見が違うと腹《はら》が立ったり、どうしてわかってもらえないのかって悲しくなったりするでしょう？　これは『自分の都合メガネ』をかけているせいなんです。ほかの人とかけているメガネが違うので、同じようには見えないんです」

「好《す》きなものをほかの人に全然ダメって言われると悲しくなったり、反対にきらいなものをすごくいいって言われるとモヤモヤしたりします……。それも『自分の都合メガネ』のせいなんですね……」

「そうですね。ほかの人をうらやましく思ったり、くやしかったりするのも、『自分の都合メガネ』のせいです。そういう苦しい気持ちは、『因果応報』でお話しした『悪いこと』のひとつなんです。でも、『自分の都合メガネ』を外してしまえば、腹が立ったりつらくなったりすることもなくなる。生きていく上での苦しみがすべて解決《かいけつ》された状態《じょうたい》が『悟り』なんです」

「小さな悟りは数知れず、大きな悟りは十八回」

「メガネを外すのなんて簡単《かんたん》じゃないの？」

「リクくん。ふつうにかけてるメガネじゃないんだから、むずかしいよ、きっと……」

「それがね、ハヅキさん。昔のえらいお坊さんがリクさんと同じようなことを言ってます。小さい悟りは数知れず——つまり、『自分の都合メガネ』を外すことは毎日、何回でもあるってね」

「ほらぁ、だから簡単なんだよ」と得意《とくい》げなリクに、釈先生がほほえんだ。

「でも、大きな悟りは一生の間に十八回と言っています。仏教では、悟りを開いた人を『仏《ほとけ》さま』と呼びます。『悟り』には、『自分の都合メガネを外す』から『仏さまになる』まで、だいぶ幅《はば》があるんですよ。『自分はなんというメガネをかけていたのだ』と気づいたり、『やっと、自分の都合メガネを外せた！』と強く感じたりすることは、なかなかむずかしいでしょうねぇ」

仏教は、『自分の都合メガネ』を外すヒントをくれる！

「釈先生。そう言えば、仏教ってなに？　よく考えたら全然知らないや」

「お釈迦《しゃか》さまが大きな悟りを開いて広めた教えが仏教です。お釈迦さまは『自分の都合メガネ』を外し、生きる上での苦しみや悩《なや》みの原因《げんいん》と解決法《かいけつほう》を見つけた人なんです。悟りを開いた人＝仏さま。その教えだから『仏教』ですね」

「悟りを開いたらだれでも『仏さま』になれるんですか？」

「そうです。仏教の目標《もくひょう》は悟りを開くことですからね。仏教という言葉にはふたつの意味があります。ひとつ目は『仏さまになる教え』です。どうやれば『自分の都合メガネ』を外せるのか、どうやったら『仏さま』になれるのか、ということをわたしたちに教えてくれます」

「マニュアルみたいなものですか？」

「道しるべみたいなものですね。どの方向に向かって、どこまで歩けば、どんな光景《こうけい》が見えるのか。そこまでいくにはどんなことをすればいいのか。くわしく教えてくれるんですよ」

仏教は、生きるためのヒントをくれる！

「もうひとつは、『仏さまになった人の教え』です。実際《じっさい》に仏さまになった人の教えですからね。悟りを開いた人が、苦しみ悩む人たちのために、どうすれば解決するのか、という教えをまとめてくれたんです」

「わたしたちが『自分の都合メガネ』を外したかったら、仏教を勉強するといいんですね」

「そうですね。まずは『自分の都合メガネ』を自分もみんなもかけている、と覚《おぼ》えておくだけでも、ずいぶん違うと思いますよ。ほかの人と意見が違っていたときに、自分だけが正しいとは思わなくなるでしょう？　仏教は、わたしたちがどう生きていけばいいのかというヒントにもなるんですね」


「またいつでもいらっしゃい」

釈先生がニコニコしながら、わたしたちを見送ってくれた。

「来てよかったね……宿題も終わったし、お話もおもしろかった……」

ハヅキちゃんの言う通りだ。

「リク、ありがとう。リクがお寺に連《つ》れてきてくれたおかげだね」

わたしが言うと、リクは「考えるより動くほうが楽だからな」と照《て》れくさそうに笑った。

コラム1

お寺に勝手に入っていいんですか？

もちろん、大丈夫《だいじょうぶ》です！　ただ、どのお寺も大丈夫、どんなときも大丈夫、というわけではありません。お坊さんたちが一生懸命《いっしょうけんめい》に修行《しゅぎょう》しているところに行くと邪魔《じゃま》になってしまいますよね。大事な儀式《ぎしき》をやっているときにはお断《ことわ》りされるかもしれません。

お寺によって事情《じじょう》も考え方も違うので、まずは近所のお寺をよく観察《かんさつ》してみましょう。大丈夫そうだな、と感じたとき、本堂のようにふだんからいろいろな人が自由に出入りできる場所なら入っても大丈夫だと思います。

多くのお寺が家族で運営《うんえい》されているので、お寺の中に家族が暮《く》らしている場所があります。そこにはいきなり入っていかないほうがいいですね。家族がビックリしちゃいますから。

お坊さんに何でも聞いていい？

何でも聞いて大丈夫ですよ！　ただ、お坊さんが真剣《しんけん》に向き合っている仏教をバカにしたり、ひどい言葉を言ったりしない、という気持ちは必要《ひつよう》です。

これはお坊さんだけではなく、どんな人に対してもそうですね。その人が大事にしているものをからかったり、傷《きず》つけたりしないでしょう？　それと同じです。

わざわざ「仏教より、別《べつ》の宗教《しゅうきょう》のほうが優《すぐ》れています」などと言うのも、あまりよくないと思います。

幸せな結婚生活《けっこんせいかつ》を送っている人にお見合い写真を持ってきて、「こっちの人と結婚しませんか？」って言うみたいなものでしょう？

ほかにもあった、仏教から来た言葉

あい（愛）

仏教では「愛」は「執着《しゅうちゃく》」。モノやコトから心がはなれないという意味です。執着すると、お金やモノ、人が手に入らない苦しみや、なくす不安《ふあん》が生まれるため、仏教では遠ざけたほうがいいとされています。キリスト教が説《と》く「愛」に近い言葉は「慈悲《じひ》」。すべてのものが幸せであるように、と願《ねが》う気持ちや活動のことです。

あいさつ（挨拶）

坐禅《ざぜん》をする宗派《しゅうは》の修行のひとつ「一挨一拶《いちあいいっさつ》」からできた言葉です。師匠が弟子のお坊さんに声をかけて、その返事によって、弟子がどこまでできるようになったかを確認《かくにん》していました。その言葉をかわす様子から、今の使い方になりました。

あくま（悪魔）・じゃま（邪魔）

人を不幸《ふこう》にしたり、悪い道にさそったりする悪い霊《れい》や、そういう人のことを指して使いますが、仏教のお経《きょう》によると「命をうばうもの」という意味です。命そのものではなく、修行をジャマして悟りを開こうという気持ちをうばうもののことを言います。

ありがとう（有り難う）

お経に出てくる「ありがたし（有《あ》り難《がた》し）」から来ていると言われています。この世に生まれることはめったにない、すごくむずかしい、という意味です。そんなすごいことが起きたのだ、という喜《よろこ》びから、今の感謝《かんしゃ》を伝える言葉へと変化《へんか》しました。

えんぎ（縁起）

「四つ葉のクローバーを見つけたから縁起がいい」「カラスは縁起が悪い」という使い方をしますが、仏教の「縁起」にはいいも悪いもありません。『因果応報』と同じように、何かの原因によって物事が起こる、という意味です。仏教では、「すべての出来事も存在《そんざい》も、原因と結果の関係《かんけい》になっている」「そして、網《あみ》の目《め》のようにそれぞれがつながっている」という縁起の考え方に立ちます。

おうじょう（往生）

「死ぬ」という意味で使われていることが多く、長生きした人が亡《な》くなると「大往《だいおう》いうことです。

生《じょう》」と言われたりします。仏教では極楽浄土《ごくらくじょうど》という場所へ「往《い》」って、「生」まれると

おせっきょう（お説教）

お説教というと、悪いことをしたときに叱《しか》られているイメージですよね。これも仏教から来た言葉で、仏教についてのお話をすることです。「ほうわ（法話）」も同じ意味です。

か行

かいはつ（開発）

もともとあるものをもっと使いやすいものにかえることですが、もとは仏教の言葉で「かいほつ」と読み、人を悟らせる、という意味です。

がまん（我慢）

自分の気持ちを隠《かく》して、じっと耐《た》えるイメージですが、仏教では全く逆《ぎゃく》の意味です。

自分はえらいんだから自分の考えは正しい、人に「おまえもそう思うだろ？　そう思え！」とどなりまくっている最悪《さいあく》の状態を表します。

げんかん（玄関）

仏教では、「玄妙《げんみょう》な道に入る関門《かんもん》」という意味です。玄妙というのは奥深《おくぶか》い道、つまり悟りへの入り口のことです。それがお寺の建物の入り口をあらわすものへ、そして、今では家や建物の入り口を指すようになりました。

さ行

さんみつ（三密）

感染症の予防でよく聞く言葉です。三つの密――「密閉」（換気が悪い場所）、「密集」（多くの人がいる状態）、「密接」（近くでの会話）を避けましょう、と言われていますよね。仏教にも「三密」があります。「身密《しんみつ》」（仏さまの身体）、「口密《くみつ》」（仏さまの言葉）、「意密《いみつ》」（仏さまの心）の三つの密によって起こる、不思議な現象のことです。また、「密教」という宗派では、「悟りを開くために身体、言葉、心を大事にしましょう」

とも言われています。

しくはっく（四苦八苦）

すご～く苦労《くろう》するときに使われますが、これも仏教から来た言葉です。『四苦』は「生きていく苦しみ」「老《お》いの苦しみ」「病の苦しみ」「死の苦しみ」。この四つに「愛するものと別《わか》れる苦しみ」「憎いものに会う苦しみ」「求《もと》めるものが手に入らない苦しみ」「心と体のバランスを崩《くず》す苦しみ」の四つを加《くわ》えて『八苦』になります。この八つの苦しみは、生きているかぎり、必ず出会うものなんです。

しゅっせ（出世）

競争《きょうそう》に勝ってえらくなっていくという意味ですが、仏教では「世間を出る」という意味です。世間は日常《にちじょう》の社会や生活なので、そこから出る＝「悟りを開く」ことなんです。世の中の枠組《わくぐ》みから出た状態ですから、比較《ひかく》したり、勝ち負けや損得《そんとく》を考えたりすることがない暮らしを目指します。

じょうだん（冗談）

場を楽しいふんいきにする冗談。仏教では「修行に関係のないムダ話」のことです。お坊さんたちが言ってはダメとされていた冗談ですが、今のお坊さんたちの中には冗談が好きな人もたくさんおられます。

じょうひん（上品）、げひん（下品）

お坊さんが読むお経からきた言葉です。人間の生き方をまず、上中下の三つに分けます。この三つを「上品《じょうぼん》」「中品《ちゅうぼん》」「下品《げぼん》」と言い、上品や下品はここから来ています。

それぞれをさらに三つに分けて、人間の生き方には九つある、と書かれています。

一番上の生き方は「上品上生《じょうぼんじょうしょう》」。『自分の都合メガネ』を捨《す》て、人々のために活動し、きちんと仏道《ぶつどう》を歩み、悟りを開いた生き方です。一番下は「下品下生《げぼんげしょう》」。『自分の都合メガネ』を外せない生き方をしている人ですね。

せかい（世界）

地球上のすべての地域《ちいき》をあらわす言葉ですが、もともと仏教から来た言葉です。命あるものが生きて輪廻《りんね》する空間で、仏さまが教えを広める場所、という意味で使われていました。お経には、世界の「世」は「過去《かこ》・現在《げんざい》・未来《みらい》」、「界」は東西南北と上下などを組み合わせたものとして書かれています。

せけん（世間）

人がかかわりながら生活している世の中のことを言いますが、もともとは仏教の言葉です。生き物と、生き物が生活する山や大地のことを意味していました。

ぜんざ（前座）

落語などで最初に出てくる若《わか》い落語家さんや、コンサートなどでメインの歌手の前に出てくる若手《わかて》グループのことですが、もとはお寺でえらいお坊さんが話をする前に話をする修行僧《しゅぎょうそう》のことで、仏教では「まえざ」と読みます。

たいくつ（退屈）

何もすることがなくてつまらない、という意味で使われていますが、もともとは「悟りを開く修行がきびしすぎてあきらめてしまう」という仏教の言葉でした。

たいしゅう（大衆）

多くの人という意味で使われますが、もとは、たくさんのお坊さんの集まりのことを言っていました。読み方も「たいしゅう」ではなく、「だいしゅう・だいしゅ」だったのです。

だんな（旦那）

その家の主《あるじ》のことを言いますが、もとはお坊さんにお金や品物を与えるという意味の言葉でした。そこから、そういう行動をする仏教徒《ぶっきょうと》のことを言うようになりました。お坊さんやお寺にお金や品物をわたすことも、功徳《くどく》（よい行い）や修行のひとつと考えられているのです。

ちくしょう（畜生）

人間以外《いがい》の動物を見くだして言ったり、くやしいことがあったとき、相手に「チクショー！」とどなったりします。相手に向けての言葉ですが、仏教では動物のことを指すだけではなく、自分を省《かえり》みる場合にも使います。「腹を立てて人を傷つけ、自分を見《み》失《うしな》っている状態は、人ではなく畜生である」というふうに自分自身に向けての言葉でもあります。

ちょう（超）

「超《ちょう》すごい！」「超キレイ！」など、ものすごいという意味で頭につけることが多いですよね。仏教で「超」という言葉は、超越《ちょうおつ》の略《りゃく》です。「限界《げんかい》をこえた完全《かんぜん》な悟り」という意味で使われていました。

どうじょう（道場）

柔道《じゅうどう》や剣道《けんどう》などをする場所を言いますが、古くは「お釈迦さまが悟りを開いた場所」「修行の場」として使われていました。やがて、修練《しゅうれん》を重ねる場や武道《ぶどう》をする場所を指すようになったのでしょう。

は行

ばか（馬鹿）

もとはインドの古い言葉です。「お釈迦さまの話を聞いても理解《りかい》できない、おろかもの」という意味でした。

ひがん（悲願）

スポーツなどで勝ったり、むずかしい試験《しけん》に合格《ごうかく》したりしたときに「悲願達成《たっせい》！」と喜びあいます。「どうしても手に入れたいと長い時間、思《おも》い続《つづ》けていたこと」という意味で使われますが、もともとは仏教の言葉です。仏さまがすべてのものの苦しみを救《すく》おうと立てたちかいのことを言います。

ふしぎ（不思議）

仏教の「不可思議《ふかしぎ》」から来た言葉です。インドの仏典《ぶってん》（お経）を翻訳《ほんやく》する際《さい》に、中国でつくられた言葉です。人を導《みちび》く仏さまの力は、想像《そうぞう》したり、言葉であらわしたりできないことを言います。

ま行

めいわく（迷惑）

他人がしたことで困《こま》ったり、イヤな気持ちになったりしたときに使いますが、元は仏教の言葉で、迷《まよ》ったりとまどったりして、どうすればいいかわからないという意味です。

ら行

りえき（利益）

お金などをもうけることを言いますが、仏教では「りやく」と読みます。なにかいいことをして、その結果、よい報いがあることや、仏さまからいただける恵《めぐ》みのことです。

第二章　天国か地獄《じごく》か——行き先はポイント制《せい》？

日曜日、ばあちゃんのところへ遊びに行った。オレはつい、「通信簿《つうしんぼ》は『よくできました』ばっかりだよ」ってウソをついちゃった。

ばあちゃんは「すごいねぇ」って喜《よろこ》んでくれたけど、胸《むね》がチクチク痛《いた》かった——。

学校で話したら、ヒナコに「リク、大丈夫《だいじょうぶ》？　ウソついたら、地獄にいるエンマさまに舌《した》を抜《ぬ》かれちゃうんじゃない？」と大まじめに言われてしまった。

「あのなぁ、ヒナコ。エンマさまなんかいるわけないし、地獄もあるわけないじゃん」

そう言い返したら、ハヅキまで「エンマさまがいるかはわからないけど、地獄はありそうじゃない……？」なんて言う。

「あったとしても、ウソついただけで地獄行きなら、地獄はとっくに超満員《ちょうまんいん》だよ。そもそも、地獄ってどこにあんの?」

ヒナコとハヅキが声をそろえた。

「釈《しゃく》先生に聞いてみよう!」

必《かなら》ず人間に生《う》まれ変《か》われるわけじゃない!?

「仏教《ぶっきょう》では、『命は連鎖《れんさ》していく』と考えます。ですから、死んでも、何かが連《れん》続《ぞく》していくんですよ。地獄は、死んだ人が生まれ変わったあとで行く場所のひとつです」

本当に地獄はあるんだ、とビックリしているオレの横で、ハヅキがつぶやいた。

「それって、『輪廻《りんね》』ですか……?」

「ハヅキさん、よく知ってますね！　死んで生まれ変わる、を繰《く》り返《かえ》すことを『輪廻』と言います。生まれ変わったあとの行き先は『六道《ろくどう》』（りくどう　とも読む）と言って、天上界《てんじょうかい》・人間界《にんげんかい》・修羅界《しゅらかい》・畜生界《ちくしょうかい》・餓鬼界《がきかい》・地獄の六つなんです。天上界は神さまやその家来のいる世界です。わたしたちの『人間』という姿《すがた》も、行き先のひとつなんですよ」

「行き先のひとつってことは、また人間に生まれ変われるわけじゃないんですか？」

「そうなんですよ。どうやら、エンマさまやいろんな裁判官《さいばんかん》みたいな神さまたちがどこに行くかを決めるらしいのです」

人間に生まれるのは、前世でいいことをたくさんした人だけ……！

「先生、地獄ってどこにあんの？　やっぱり、地面のずっとずっと下のほう？」

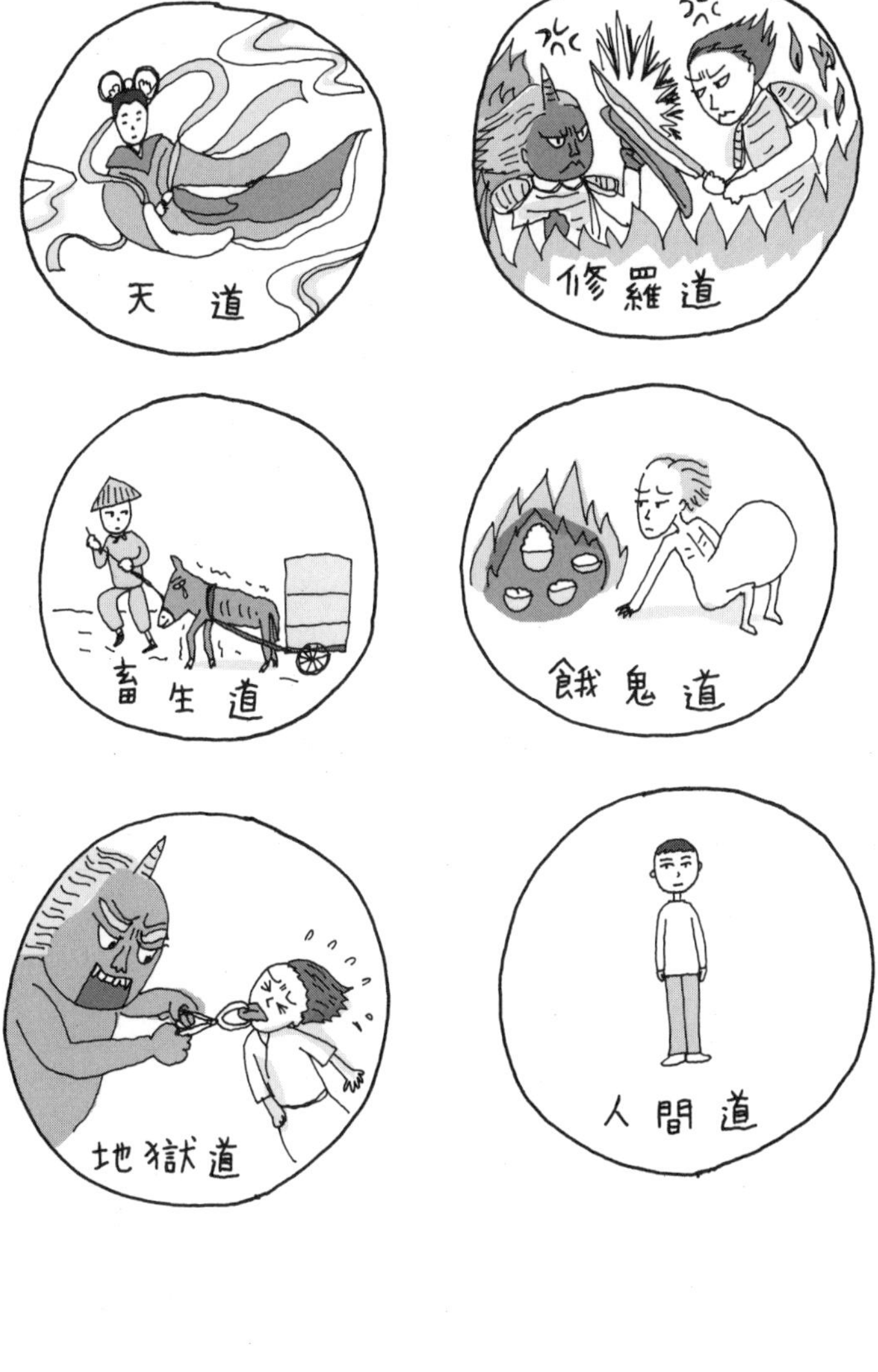
天道
修羅道
畜生道
餓鬼道
地獄道
人間道

「地獄は地底《ちてい》で、天国は雲の上っていうイメージがありますよね。でも、どれが上でも下でもなくて、六つの世界は同時に存在《そんざい》しているんです。人間界と、動物や鳥や虫に生まれ変わる畜生界以外《いがい》は目に見えないですけどね……。パラレルワールド（並行世界《へいこうせかい》）みたいになってるのかもしれません」

「オレ、生まれ変わるんなら、やっぱり人間界か天上界がいいなぁ。釈先生、どうやったらいい？」

「今の人生を誠実《せいじつ》にまじめに生きること、でしょうか。人に施《ほどこ》し（何かを与《あた》えること）などをたくさんすることが大事だとお経《きょう》に書いてあります。今をどう生きるかで、次が決まりますから」

「いいことをした、悪いことをしたっていうのはバレちゃうんですね……」

「そうですね。エンマさまたちはエンマ帳を見て、その人が生きている間の様子を確認《かくにん》するんです。みなさんがやったことや言ったこと、考えたことがポイント制のような仕組みになっていて、悪いことをすればマイナスポイント、いいことをすればプラスポイントになります。いいことをすることを、仏教では『功徳《くどく》を積《つ》む』と言うんですよ。ちなみに、天上界と人間界はポイントがかなり高くないと行けません」

「じゃあ、今、人間界にいるわたしたちは……」

「人間界にはめったなことでは生まれ変われませんからね。わたしたちは前世でよほどいい功徳を積んだのでしょうねぇ」

ありがとう、前世のオレ！　と喜んでいたら、「でも、来世の行き先は、わたしたちの今の行動にかかっているんですよ」なんて釈先生に言われてしまった。

天国か地獄か。行き先は貯《た》めたポイント次第《しだい》

「人を傷《きず》つけたり人のものを盗《ぬす》んだりすると、マイナスポイントがどーん！　と増《ふ》えるわけです。反対に、困《こま》っている人を助けたり、世の中のためになることを

したりするとプラスポイントが貯まっていく。エンマ帳にはそのポイントが書いてありますから、『おまえは悪いことをいっぱいしたり、考えたりしたから、ポイントがこれだけしかない。だから、次の行き先は地獄だ！』というふうに判決《はんけつ》が出るわけです」

「オレのポイントってどれぐらいなんだろう……。めちゃくちゃ少なそう」

心配していたら、釈先生が「リクさん。もしポイントが少なくても、望《のぞ》みを捨《す》てたり、やけになったりしてはいけませんよ」と言った。

地獄行き！　でも、大逆転《だいぎゃくてん》が可能《かのう》!?　くりかえし行われる裁判

「死んだあと、裁判は一週間ごとに七回行われるんです。七日《なのか》かける七回で四十九、仏教で言うところの『四十九日《しじゅうくにち》』に最後《さいご》の判決がおります」

「わたし、『四十九日』っていう法事《ほうじ》に出たことあります。どうして四十九なん

だろうと思ったら、そういうことなんですね！」

「ヒナコさんが出た法事は『四十九日法要《ほうよう》』ですね。ちなみに、死んで一週間後に行われる最初《さいしょ》の法事は『初七日《しょなぬか》（しょなのか　とも読む）法要』と言います。このふたつが有名ですが、『二七日《ふたなぬか》法要』『三七日《みなぬか》法要』というように、七日ごとにお坊《ぼう》さんにお経を読んでもらうんです。残《のこ》された家族や子孫《しそん》がお経を読んだり、お坊さんの話を聞いたりすると、亡《な》くなった人のポイントが増えると信《しん》じられています。そうすると、前の裁判よりいい結果《けっか》になるかもしれない。法事をするのは、亡くなった人を応援《おうえん》するためでもあるというわけです」

それ、すごくいいルール！　と思っていたら、いつも悲観的《ひかんてき》なハヅキが「でも……すご～くポイントが低《ひく》かったら、七回の法事だけじゃ無理《むり》かも……」なんて言う。

「東アジアを中心に、四十九日に判決がおりたあとも、三と七のつく年にはまた裁判をしてもらえる、と考える伝統《でんとう》があります。少しでもいい判決がおりるように、残された人たちが応援してポイントを増やそうと、『三回忌《さんかいき》』『七回忌《しちかいき》（なないかいきとも読む）』『十三回忌《じゅうさんかいき》』といったように亡くなったあと三と七のつく年に法事を行います。でも、応援やポイントという意味だけではなく、亡くなった人をご縁《えん》として、みんなが集まって仏事《ぶつじ》を営《いとな》み、仏法《ぶっぽう》（仏《ほとけ》さまになる教え）に出会えるのですから、できるだけ多くするほうがよい、とも言えますよ」

＊注＊

○回忌の○は「亡くなってからの年数マイナス1」です。三回忌は亡くなって二年後、七回忌は六年後に行われます。一年後の法事だけ数え方が違《ちが》い、『一周忌《いっしゅうき》』と呼《よ》ばれます。

このような年回忌法要は、宗派《しゅうは》によって教えや考え方が異《こと》なります。また、地域《ちいき》によって、やり方が変《か》わることもあります。

人間以外のものに生まれ変わっても、大逆転で人間になれる!?

「先生。動物がいいことをするってムリだから、畜生界に行ってしまったら、ポイントを増やせない気がします」

「ヒナコさんの言う通り、特《とく》に虫なんかだと、なかなかいいこともできません。虫が死んで生まれ変わってもまた虫の可能性《かのうせい》が高いかもしれませんねぇ」

「うわぁ、オレ、虫に生まれ変わるのはヤダなぁ」

「それがね、リクさん。大逆転もあるんですよ。仏教の教えを書いた『お経』に、お寺の池に生まれたカエルの話が出てきま

す。お寺の池で暮《く》らしているわけですから、お坊さんのお話やお経が自然《しぜん》と耳に入ってくる。仏法に出会えているわけなので、その功徳で次は人間界に生まれた、というのです。ほかにも、仲間《なかま》を助けるために自分の命を投げ出すサルとか、命をかけて子どもを守った鳥も人間に生まれ変わった、というお話がありますね」

「ひとりぐらしのお年寄《としよ》りが家で倒《たお》れたときに、飼《か》い犬《いぬ》が吠《ほ》えてまわりに気づかせたニュース、見たことがあります……！」

「わたしも、階段《かいだん》から落ちそうになった赤ちゃんをネコがシャツをくわえて引きずりもどす動画、見たことある！　あれもポイント増《ぞう》だよね」

もしかしたら、オレの前世はそんなすごい動物だったかもしれない、と思うと興奮《こうふん》してきた。人間界でもカッコイイことをして、今度も人間に生まれ変わりたい！　でも――。

ウソとお世辞。言えば言うほど、本当の姿から遠ざかる

「先生。オレ、ばあちゃんを喜ばせたくてウソついたんだけど、それってマイナスポイントだよね？」

「そうですね。ウソは事実と違うので、リクさんの本当の姿とズレができてしまいます。仏教では『このズレが苦しみを生み、悟《さと》りから遠ざかることになる。だから、ウソはよくない』とされています」

「うん。ウソつかれたって知ったら、ばあちゃんは怒《おこ》るかも、悲しむかもってずっとモヤモヤしてる」

「そうなんですよ。ウソって前にお話しした『自分の都合メガネ』を人にこっそりかけさせている状態《じょうたい》ですから。外しちゃうと本当の姿が見える。いつウソがバレるか――メガネを外されるかビクビクしなきゃいけない。お世辞《せじ》もダメなんですよ。お世辞って口先だけのほめ言葉で、事実とズレてるんです。話をオー

バーに言うこともダメですね。ウソや大げさなことを言うぐらいなら、黙《だま》ってい
たほうがいいんですよ」
「先生はウソついたこと、なさそう……」
「いえいえ、ありますよ！　ウソをつくと、リクさんと同じようにモヤモヤしま
すし、ウソはクセになるからこわいなぁ、と思います。それに、ウソをつく人の
言葉って信用《しんよう》してもらえないでしょう？　あの人はよくウソを言うから、五割引《わりび》
きぐらいで聞いておこうって思われたら、本当に言いたいことも伝《つた》わらない。や
はりウソをつかないほうが悩《なや》みは少ないと思います」

言葉を調《ととの》えると、心と体も調う

「悪口や汚《きたな》い言葉もマイナスポイントです」

「ええー……オレ、本当に地獄に行くかも。汚い言葉をよく使って母ちゃんに怒

られてるもん」

「わたしもこわくなってきました。きびしいんですね」

「仏教は、言葉に対してすごく慎重《しんちょう》ですからね。『言葉を調えていくと、心と体も調う』と仏教では考えます」

釈先生は『調える』と書いた。

「あれ、先生。字が違うよ！　整理整頓《せいとん》の『整』じゃないの？」

「いいところに気がつきましたね。実は、仏教ではこちらの字を使うんです。『整える』はリクさんの言う通り、整理整頓。『乱《みだ》れたことがないように、きちんとすること』です。『調える』は『いい感じにする、望ましい状態にする』という意味なんですよ。ウソや悪口は『言葉が暴《あば》れている状態』。よくない状態なんですね。人も傷つけるけど、自分も傷つける」

「ウソや悪口って、人を傷つけるだけじゃないの？」

「リクさん、自分が部屋で暴れているところを想像《そうぞう》してみてください。暴れると、いろいろなものに体が当たるでしょう？　当然《とうぜん》、自分の体も傷つくし、痛くなる。痛いから、顔をしかめる。なんでこんなことになるんだってさらに腹《はら》が立つ。腹が立つからまた汚い言葉が出る。暴れてまた傷つく。そうやってどんどん、悪いほうへ行ってしまうんです」

「この前の『お友だちのイヤなところがどんどん増えていく』っていう話と似《に》てますね。あのときはいいところを見るようにしたら、イヤじゃなくなったけど。言葉を調えるのってむずかしそう」

ヒナコの言葉に先生が大きくうなずいた。

「そうなんです。あの話と同じように、それを止めるのは自分自身です。悪い言葉や愚痴《ぐち》を言いたくなったときは、いったん自分を止めてあげてください。感《かん》情《じょう》のまま言葉を口にする前に、深呼《しんこ》吸《きゅう》をするんです。『これは相手を傷つけるかも』『自分が言われたらどう思うかな』と自分に聞いてみて、言葉を慎重に選《えら》んでいると、表情《ひょうじょう》も声の調子も変わってきます。そういうクセをつけていくと、心も調っていきます。表情もおだやかになるから、お友だちも話しやすそう、楽しそうと思って近づいてきます。反対に険《けわ》しい顔をしていると、さけられちゃいます。わたしも結構《けっこう》、怒りっぽいほうでしたが、怒る前に少し間をおいたり、深呼吸したりしているので、最近《さいきん》は怒ることも減《へ》りましたよ」

帰り道、オレが「ばあちゃんに、ごめんって手紙書こうかな」とつぶやくと、みんな、賛成《さんせい》してくれた。

「これからはマイナスポイントが貯まらないように気をつけなきゃね」

ヒナコの言葉に、オレもハヅキも大きくうなずいた。

コラム2

エンマさまも元は人間だった！

地獄の裁判長のイメージがあるエンマさまですが、元は神さまです。そして、神さまになる前は『ヤマ』という名前の人間でした。インドに古くからある信仰《しんこう》では、『ヤマは人類《じんるい》で初《はじ》めて死んだ人で、死の世界の神さまになった』と言われてるんです。

仏教がインドから中国に渡《わた》り、日本に仏教が伝わる間にいろいろと付《つ》け加《くわ》えられて、『ヤマ』は『エンマ』になり、『エンマは、人が死んだあとの行き先を決める裁判長』になったんです。絵にかかれているエンマさまの服装《ふくそう》が中国風なのは、中国の『道教《どうきょう》』という宗教《しゅうきょう》の影響《えいきょう》なんですね。

苦しみから抜《ぬ》け出《だ》した先は……極楽浄土《ごくらくじょうど》！

生まれ変わった先が地獄でも天上界でも、寿命《じゅみょう》は来ます。天上界にいる神さまも死ぬんです。六道は基本的《きほんてき》に苦しみの世界です。人間界と天上界では一時的には喜びもあるけれども、長い目で見るとどこも苦しみの世界と考えられています。

輪廻の考え方で大事なのは、『息が止まったその瞬間《しゅんかん》に、生命活動が終わるわけではない』ということです。ひとつの生命観《せいめいかん》ですね。そこには、生命の連続性《れんぞくせい》への敬意《けいい》と、見えない世界へと思いをはせることの大切さも含《ふく》まれています。しかし、大きな生命の流れの中で苦しい生死を繰り返す、というなかなか厳《きび》しい生命観です。

グルグル回っている輪廻から抜け出す方法《ほうほう》はただひとつ。『悟りを開いて仏になること』です。つまり、苦しみから脱出《だっしゅつ》できるチャンスは、人間に生まれたときしかないんです。『人間に生まれた機会《きかい》に輪廻から脱出しましょう』というのが仏教の教えですね。お釈迦《しゃか》さまは見事に悟りを開いて、脱出されました。そして、脱出への道筋《みちすじ》を説《と》かれました。教えどおりに歩めば、輪廻から脱出することができます。

修行《しゅぎょう》して悟りを開いて、輪廻の苦しみから脱出する、というメインルートだけではなく、極楽浄土へと往生《おうじょう》するルートもあります。お釈迦さまのようにこの世界で悟りを開かなくても、極楽浄土へと往生することは多くの人が可能です。極楽浄土は『六道』とは異なる世界で、仏さまの国です。仏さまに自分をまかせることができれば、仏さまの国に生まれることができます。

ウソはダメだけど、『ウソも方便《ほうべん》』です

『ウソも方便』という言葉があります。ウソは悪いことだけど、時と場合によっては必《ひつ》要《よう》、という意味のことわざですね。この『方便』も仏教用語なんですよ。

インドで『方便』という言葉のもともとの意味は『近づく』です。何に近づくかというと、真実です。ウソをつくと、事実とズレができるとお話ししましたよね？ このズレは苦しみを生み出します。もともとの『方便』とは、真実に近づく中継地点《ちゅうけいちてん》のことです。道を歩むための手法《しゅほう》として、仏教では『方便』の思想があります。

長い距離《きょり》を歩いて疲《つか》れ果《は》てているときに「ゴールまであと何キロですか？」と聞いたとします。「まだ四十キロあります」って言うのではなくて、「あと五キロのところに休《きゅう》憩《けい》地点がありますよ」と導《みちび》くわけです。あと五キロなら歩こう、と思う人もいるでしょう。

質問《しつもん》に対して、全部をお話しするのが困難《こんなん》な場合、まずは説くべき必要な教えが『方便』なんです。

お釈迦さまと『方便』

次の有名なエピソードも、お釈迦さまによる『方便』だと考えることができるでしょう。

昔、子どもを亡くしたキサーゴータミーという女の人が、お釈迦さまに「亡くなった子どもを生き返らせてほしい」と頼《たの》みに来ました。いろんなお医者さんに頼みに行ってもダメで、思《おも》い余《あま》ってお釈迦さまのところに来たんですね。

お釈迦さまは言いました。「これまで死んだ人がひとりも出なかった家を見つけて、そこの家で栽培《さいばい》しているケシの実をもらってきなさい。そうしたら、なんとかしてやろう」と。

ケシの実はアンパンの上にのっかっているゴマみたいなものです。インドでは、よく使う食材《しょくざい》です。

キサーゴータミーは、お釈迦さまがケシの実を使って子どもを生き返らせてくれるんだと思ったので、『死者を出したことがない家』を必死《ひっし》で探《さが》します。でも、「うちは五年前にお父さんが死んだ」「三十年前におじいちゃんとひいばあちゃんが死んだ」「去年、兄が死んだ」という具合に、死者を出したことがない家は見つからない。

何日も尋《たず》ね歩《ある》いているうちに、キサーゴータミーは「そうか、人間はみんな、いつかは死ぬんだ」って気づくんです。お釈迦さまはキサーゴータミーがその結論《けつろん》にたどりつくための気づきを与えた——つまり、『方便』によって導いたんですね。

第三章　おとなりさんにはナゾがいっぱい

席《せき》がえで、わたしはアミールくんとおとなりになった。

お父さんとお母さんがトルコ人のアミールくんだけど、日本生まれで日本語が話せる。

「ハヅキちゃんとあまり話したことなかったよね。よろしく」

「よ、よろしく……」

アミールくんのほうから話しかけてくれたけど、気が弱いわたしは小さな声で応《こた》えるのがやっとだった。

アミールくんは明るくて優《やさ》しいから、クラスでも人気者だ。サッカーが大好《だいす》きで、リクくんとよく遊んでる。

放課後《ほうかご》、ヒナコちゃんと公園でおしゃべりしていたら「これからサッカーの練《れん》習試合《しゅうじあい》なんだ」というリクくんたちと会った。

「あれ……？　アミールくんは……？」

「お祈《いの》りの時間と重なるから、アイツは行けないいんだよ」

「イスラム教の人だもんね」とヒナコちゃんがうなずいている。

そう言えばそうだった。だから、アミールくんはお昼休みに給食《きゅうしょく》じゃなく、持ってきたお弁当《べんとう》を食べている。食べちゃいけないものがあるんだって。

担任《たんにん》の先生が「アミールくんのおうちはイスラム教を信《しん》じているから」と説明《せつめい》してくれたけど、イスラム教の人は、どうしてやらないといけないことや、食べちゃいけないものがあるんだろう……？

わからないことがいっぱいできたわたしは、次の日、ヒナコちゃん、リクくんをさそって釈《しゃく》先生のお寺に行った。


宗教《しゅうきょう》によって、信じているものが違《ちが》う！

「日本では、仏教《ぶっきょう》、イスラム教、キリスト教を『三大宗教《さんだいしゅうきょう》』と呼《よ》んでいます。仏教を信じている人は仏教徒《ぶっきょうと》、キリスト教を信じている人はキリスト教徒。アミールさんのようにイスラム教を信じている人はイスラム教徒と言います。仏教徒は、お釈迦《しゃか》さまやえらいお坊《ぼう》さんたちがどう悟《さと》ったか――『自分の都合メガネ』をどう外したのか、という教えに耳を傾《かたむ》けて、自分たちも悟りが開けるように行動します。イスラム教徒とキリスト教徒は、全知全能《ぜんちぜんのう》の創造主《そうぞうしゅ》である神さまを信じ、その教えを守って生きていく人たちなんです」

「イスラム教とキリスト教はどう違うんですか……？　同じ神さまを信じてるんですよね……？」

「この世界を創《つく》った唯一《ゆいいつ》の神さまを信じているところは同じです。いろいろ違う点もありますが、違いのひとつはイエス・キリストのことでしょうか。イエスさまについて何か知っていますか？」

「えーっと、十字架《じゅうじか》にかけられた人？」

「そうです！　十字架にかけられて亡《な》くなり、三日後に生き返ったとされているので、キリスト教徒にとってイエス・キリストは『世界を救《すく》う救世主《きゅうせいしゅ》』で、神さまの別《べつ》の姿《すがた》でもあるんです。でも、イスラム教徒にとってのイエス・キリストは『神さまの言葉を人々に伝《つた》える、大事な役目を持った人たちの中のひとり』という考え方ですね」

「仏教もキリスト教もイスラム教も、それぞれ違うところがあるんですね」

「そうなんです。違っているところはほかにもあって――みなさん、前にお話しした『因果応報《いんがおうほう》』という言葉を覚《おぼ》えていますか？」

「いいことをすればいいことが起き、悪いことをすれば悪いことが起きる、ですよね？」

「そうです。でも、イスラム教とキリスト教では、すべて神さまが決めている、と考えます。でも、神さまが決めたことに沿《そ》って生きるか、そうしないかは、その人にまかされているんですね」

「先生。アミールくんは給食じゃなくお弁当を持ってきてるんです。これって、イスラム教徒だけですか？　キリスト教徒やほかの宗教でもそうなんですか？」

「イスラム教徒は豚《ぶた》の肉や皮や脂《あぶら》をさけるんです。食べちゃダメなんですね。でも、キリスト教徒はそういった制限《せいげん》はあまりありませんね。でも、ある期間だけ、お肉を食べない人はいます。また、お酒を飲まないようにする人もいます。ついでに言いますと、ユダヤ教という宗教も豚をさけますし、インドのジャイナ教という宗教は、お肉やお魚などを食べずに、野菜《やさい》や果物《くだもの》を食べます。仏教徒の中にも、決まった時期はお肉やお魚をさける人、お酒やニンニクなどのにおいの強いものをさける人は、たくさんいますよ」

「え～、オレ、トンカツ大好きだから、食べちゃいけないっていうのはキツイなぁ。でも――なんで豚肉を食べちゃダメなの？」

豚肉を食べないのもお祈りをするのも、『神さまとの約束《やくそく》』

「神さまが『食べちゃダメ』と言ったからです。『ムハンマド』という人が神さまの言葉を聞いて、それを書き記した『クルアーン（コーラン）』という大事な書物にのっていることなんですね。『クルアーン』があるから、イスラム教徒は神さまの教えを知り、守ることができるんです。キリスト教は『聖書《せいしょ》』という書物を大事にしています。『聖書』には、イエス・キリストを通じて人々に与《あた》えられた神さまとの約束事などが書かれているんですよ。仏教ではお釈迦さまの言葉を書き記した『お経《きょう》』が大事にされています」

「もしかして、お祈りも神さまとの約束なんですか？」

「ヒナコさん、そうです！『クルアーン』には『してはいけない』だけではなく、『しなければならないこと』も書かれています。『一日に五回、お祈りをする』と神さまと約束したと書かれているので、イスラム教の人たちはそれを守っているんですよ」

お祈りは神さまのことだけを考える時間

「お祈りって何をするんですか……?」

「その前に、ちょっと『時間』のお話をさせてくださいね。わたしたちの一日はふたつの時間に分かれます。大人の場合は仕事をしている時間と、仕事が終わって自分の好《す》きなことをしている時間」

「わたしたちの場合だったら、学校で勉強してる時間と、遊んだりおうちにいたりする時間、ですか?」

ヒナコちゃんが言って、「その通り」と釈先生は大きくうなずいた。

「でもね、イスラム教徒には仕事でも遊びでもない第三の時間、『ラーハ』があります」

「ラーハ……日本語だとなんて言うんですか……？」

「それがね、この第三の時間をあらわすちょうどいい日本語がないんです。お祈りの時間はこの『ラーハ』に入ります。イスラム教徒にとって人生で一番大事な時間は『ラーハ』だそうですよ」

だから、アミールくんはサッカーよりもお祈りを優先《ゆうせん》するんだ……。

考《かんが》え込《こ》むわたしに、釈先生が笑《わら》いかけた。

「ここでハヅキさんの、『お祈りで何をするか』という質問《しつもん》に戻《もど》りますね。イスラム教徒にとってお祈りは『神さまのことを考える時間』なんです。決められた作法《さほう》どおりに礼拝《れいはい》をして、決められた言葉を唱《とな》えます。そして、神さまのことを思うんです。気持ちを神さまへと向けるんですね。早朝、正午、午後、太陽が沈《しず》んだあと、眠《ねむ》る前、せめてその五回は神さまのことを考えなさい、というわけです。この考え方は、キリスト教も同じです。お祈りは『神さまと出会う時間』なんです。神さまから生きる力を受け取って、自分の生き方を振《ふ》り返《かえ》ります。神さまが喜《よろこ》ばれる生き方をしよう、と気持ちを新たにするんですよ」

「先生！　仏教にもお祈りの時間ってあるの？」

「ありますよ。仏《ほとけ》さまに祈ったり、すべての生き物がおだやかで幸せでありますようにと祈ったりします。祈ることが自分自身の修行《しゅぎょう》になったりもするんです」

宗教の時間は『非日常《ひにちじょう》』

「何かを信じるって大変《たいへん》なんですね……」

「大事にしていることですから、意外と本人はそんなに大変だと感じなかったりしますよ。それに習慣《しゅうかん》となっているものもありますからね。ほら、朝、先生やお友だちと会ったら、『おはよう』って言うでしょう。ごはんを食べるとき、『いただきます』って言いますよね？」

わたしたちはうなずいた。

「いつも言っている人は、言わないと気持ち悪かったりしますよね。そんなに大変なこととは思わずにやっているでしょう？　でも、そういう習慣のない人から見れば、『大変だなぁ』と感じるかもしれません。それと同じですね」

「いただきますって言わないのが当たり前の人だったら、毎回、ごはんを食べる前に言わなきゃいけないのは大変かも」

「ふだんの生活を『日常』って言うでしょう？　それに対して、お祈りや儀式《ぎしき》などの宗教に関《かん》する時間は、日常ではなくて『非日常』でもあるんです。そういう非日常の時間と場所があるから、新しい気持ちで日常を続《つづ》けられるんじゃないでしょうか」

「じゃあ、アミールは一日に五回、新しい気持ちになるんだ！」

「そうだと思いますよ。キリスト教徒の場合は、毎週日曜日に礼拝をするために教会に行くことが多いですね。みんなで讃美歌《さんびか》を歌い、一週間を振り返り、神さまから元気をもらって新鮮《しんせん》な気持ちで生活を始めるんです。まさに、『日常』と

『非日常』の世界ですね。そうそう、『礼拝』という字をキリスト教やイスラム教では『れいはい』と読みますが、仏教では『らいはい』と読みます。仏教はインドから、今の中国を通って、日本に伝わってきました。その当時の中国の呉《ご》の国や、宋《そう》の国で使われた発音が残《のこ》っているんです。『らいはい』は呉の発音なんですね。その後に栄《さか》えた漢《かん》の国の発音だと『れいはい』になるんですが」

イスラム教以外《いがい》でも、食べてはいけないものがある！

「アミールくんと同じクラスになるまで、ほかの国の宗教のこと、全然《ぜんぜん》知りませんでした」

ヒナコちゃんの言葉に、釈先生がニッコリとほほえんだ。

「それはいいご縁《えん》ですね！　日本を訪《おとず》れる外国人は年々増《ふ》えているので、みなさんが外国の人と接《せっ》する機会《きかい》も増えていくかもしれません」

「そういうときに、覚えておくといいことってありますか……？」

「先ほども少しお話ししましたが、イスラム教と同じように、豚肉を食べてはいけない宗教はユダヤ教です。もう少しくわしく言うと、ヒヅメがふたつに割《わ》れていて（偶蹄目《ぐうていもく》）、飲《の》み込《こ》んだ食べ物を口に戻してもう一度噛《か》む、反芻《はんすう》という行動をする動物しか、食べてはダメなんです。食べていいのは、羊とかヤギ、牛ですね。それに、ヒンドゥー教では牛は神さまのお使いなので、食べない人が多いですね」

「ほかに、ダメなものとかありますか？　覚えとかないと」

ヒナコちゃんがメモ帳を取り出した。

ほかの国の宗教を知る前に、まず、身の回りのものに注目！

「そういう姿勢《しせい》はとってもいいですね。ほかの国の宗教と接するときに大事なことは、相手を知ることですから。でもね、その前に身の回りの宗教的《しゅうきょうてき》なものにも目を向けてほしいな、と思います」

「身の回りの宗教的なものって、お寺とかですか？」

「お寺もですが、みなさんがふだんは意識《いしき》していないところにもたくさん宗教的なものがあるんですよ。おうちにお仏壇《ぶつだん》や神棚《かみだな》があったり、通学路にお地蔵《じぞう》さんがあったりするでしょう？」

「あ、うち、お仏壇があります……」「うちも」「そう言えば、空き地に白い紙がかざってあって神主《かんぬし》さんが何かやってた！」とわたしたちは口々に言い始めた。

釈先生がそれを聞いて、ウンウンとうなずいている。

「お仏壇や神棚のように形あるものだけではなく、日本には生活の中にいろいろな宗教が溶《と》け込《こ》んでいますからね。前にお話しした、仏教からきた言葉なんかもそうですよ。お父さんやお母さんと『神さまや仏さまってなんだろう？』と話し合ってみたりして、宗教に興味《きょうみ》を持ってください。それがほかの国の宗教を持つ人たちとうまくおつきあいする、最初《さいしょ》の一歩です」

宗教を持っている人と、考え方が合わないときは『戸棚《とだな》』に置《お》いておく！

「ここでみなさんに質問です」と言って、釈先生はわたしたちの顔を見回した。

「ある宗教を信じている人と知り合ったとします。もし、その人と考え方が合わないときは、どうしたらいいと思いますか？」

「えーっと、よく話し合います」

「オレは、とりあえず、サッカーをいっしょにやって、なかよくなるかな！」

「ちょっとリク！　まじめに考えてよ」

「まじめに考えてるって！　なんだよ、だいたいヒナコはいつも——」

そのとき、釈先生が「ヒナコさん、実はわたしはリクさんと同じようにすると思いますよ」と言ったから、ふたりともおどろいてケンカをやめた。

「自分の考えと、相手の宗教がぶつかった場合、基本的《きほんてき》にはゆずれないものなんです。みんな、自分が信じているものが一番なわけですからね。そこを互《たが》いにゆずりあったり、工夫《くふう》したり、あの手この手でうまくやっていくわけです。それに、どちらかの意見に無理《むり》やり合わせようとせずに、すぐに結論《けつろん》を出さない方法《ほうほう》もあると思います。保留《ほりゅう》ですね。『この問題はとても大切なので、すぐには解決《かいけつ》しませんが、これからもお互いに考えていきましょう』って戸棚に置いておく」

「ゆずりあうって、むずかしそう」

「ええ、自分の考えをどこまで主張《しゅちょう》するか、という判断《はんだん》はむずかしいですね。お互いの相手を思いやる気持ちと、宗教への敬意《けいい》とセンスの問題です。マニュアルや正解《せいかい》はないんです」

「センスって、生まれながらのものですよね……？　わたしは多分、ないです……」

「ハヅキさん、安心してください！　身近な宗教に興味を持ったり、話したりしていればセンスはだんだんと養《やしな》われていきますから」

次の日、リクくんがアミールくんに言った。

「アミール！　次のサッカーの試合《しあい》には来いよ。お祈りの時間と重ならないようにするから。おまえが神さまを大事にしてるみたいに、オレたちもおまえが大事なんだからさ！」

アミールくんは少しビックリしていたけど、「リク、ありがとう！」とうれしそうに笑った。

第四章　お墓《はか》には不思議《ふしぎ》がいっぱい

もらったばかりの通信簿《つうしんぼ》をランドセルにしまいながら、リクが言った。

「アミールが肝《きも》だめしをやったことがないんだってさ。夏休みにやろうぜ」

「イスラム教では幽霊《ゆうれい》はいないって言われてるけど、肝だめしはずっとやってみたかったんだ」とアミールも楽しそう。

「アミール！　オレ、いいところを知ってるから連《つ》れてってやるよ！」

リクは調子のいいことを言ったけど、いいところって、もしかして——。


肝だめしの夜、わたしたちはいいところ——釈《しゃく》先生のお寺の前に集合した。

メンバーはわたし、リクとアミール、ハヅキちゃんと妹のアオイちゃん。アオイちゃんは小学三年生だ。自分から「行きたい！」と言ったらしいけど、こわがって泣《な》いたりしないかなぁ。

わたしたちは、五人で固《かた》まって墓地《ぼち》の中を歩き出した。

何か音が聞こえるたびにハヅキちゃんとわたしが悲鳴をあげていたら、リクに「うるさいぞ！」なんて言われてしまった。

アオイちゃんは全然《ぜんぜん》平気そう。お墓を指さして「あれはなんのためにあるの？」「どうしてあんな形なの？」「なんて書いてあるの？」とむずかしい質問《しつもん》ばかりしてくる。

「釈先生に教えてもらおうぜ！」

リクの言葉にホッとして、わたしたちは急いで墓地を抜《ぬ》け出《だ》した。

仏教《ぶっきょう》が教える四つの苦しみ、『生老病死《しょうろうびょうし》』

「お墓がなんのためにあるか、という説明《せつめい》をする前に、仏教について振《ふ》り返《かえ》っておきましょうか。ハヅキさん、リクさん、ヒナコさん、仏教の教えを覚《おぼ》えていますか？」

「仏《ほとけ》さまになること、じゃなかったっけ？」「悟《さと》りを開く道じゃない？」「『自分の都合メガネ』を外すっていうのもあったよ……」とわたしたちが口々に言うと、「みなさん、よく覚えていますね」と先生がニコニコした。

「仏教はわたしたちがどう生きていけばいいか、を教えてくれると同時に、死ぬことについてもいろいろ教えてくれています。みなさん、『四苦八苦』という言葉を知ってますか？」

「すごーく苦労《くろう》するっていう意味ですよね？」

「ふつうの使われ方はそうですよね。実はこれも『因果応報《いんがおうほう》』と同じで仏教用語なんですよ。仏教では、わたしたち人間にはさけることのできない苦しみが四つある、と言われています。なんだかわかりますか？」

「苦しみかぁ。オレの場合は、朝起きるのと、宿題するのと、母ちゃんに怒《おこ》られるのと――」

「リク、まじめに！」とわたしがにらむと、釈先生が「わたしも朝、起きるのがつらいときがありますよ」と笑《わら》った。

「まあ、その苦しみは置《お》いておいて——まずは『生苦《しょうく》』です。古代インドでは、生まれるときに大きな苦しみがあると考えました。ただ、苦しいのは生まれるときだけではないのです。わたしたちは生まれたときから、楽しいことを求《もと》めてイヤなことをさけます。そして、自分の思いどおりにならないと苦しみが生まれます。『生苦』にはこのような意味も含《ふく》まれていると言ってよいでしょう。

ふたつめが年を取る苦しみ。年を取ると、体も頭もうまくいかないことが増《ふ》えてきますが、だれもさけることができません。『老苦《ろうく》』と言います。

みっつめは『病苦《びょうく》』。お年寄《としよ》りだけではなく、若《わか》い人も病気になったりしますよね。病気というのは、どんなレベルでもつらいものです。

最後《さいご》は『死苦《しく》』。これもわたしたちが絶対《ぜったい》にさけることのできない苦しみです。どんなにえらい人もすごい人も、最後は必《かなら》ず死にます」

仏教は、生きることや死ぬことについて教えてくれる

「うへぇ、そういうの考えたらしんどくなってきたぁ」

リクが情《なさ》けない声をあげ、釈先生は「でしょう？　生きるってしんどいんですよ」とうなずいた。

「仏教では『生きるって、そもそもしんどいことなんだよ』と教えてくれると同時に、その苦しみの乗《の》り越《こ》え方《かた》を教えてくれているんです。生きていく上での苦しみはいろいろありますが、仏教の教えをもとに『自分の都合メガネ』を外すことでだいぶ楽になります。死の苦しみについても同じです。死ぬのはこわいですし、死ぬことを考えるだけでも苦しい。でも、生きることも死ぬことも自分の思いどおりにはならない。ですから、自分の思いどおりにしようとせずに、自分の思いが暴《あば》れないように調《ととの》えるんです。調えるのがむずかしいときは、生きることも死ぬことも、仏さまにおまかせするという道もありますよ」

日本では火葬《かそう》が一般的《いっぱんてき》

「さて、アオイさんのお墓についての質問に答えますね。人が亡《な》くなったあと、そのご遺体《いたい》を埋《う》めることを『埋葬《まいそう》』と言います。埋葬した場所には、何かの目《め》印《じるし》になるものを置いていました。それがお墓の始まりです。お墓の歴史《れきし》は長いので簡単《かんたん》にはお話しできませんが、今のような形になったのは、江戸時代《えどじだい》くらいのようです。でも江戸時代は、亡くなった人をお棺《かん》に入れて、それをそのまま掘《ほ》った穴《あな》に埋めて、お墓にすることが多かったんですよ」

「じゃあ、さっき通ったお墓の下には死んだ人が埋められてるの？」

アオイちゃんが首をかしげ、わたしとハヅキちゃんは想像《そうぞう》して震《ふる》えあがった。

でも、釈先生はニコニコしながら「昔はそうでしたが、今はそういうお墓はめったにありません」と首を振った。

「亡くなった人をそのまま土に埋めることを『土葬《どそう》』と言います。今の日本ではほとんど土葬が行われていません。だから、お墓の中におさめられているのは、ご遺体を焼《や》いたあとの骨《ほね》なんですよ」

「ボクたちイスラム教《きょう》徒《と》は、火葬しちゃダメなんです」と言ったのはアミールだ。

「ええ、そうですね。日本に住むイスラム教の人たちが苦労されている部分です。ですから、外国人用の墓地やイスラム教の人用の墓地など、土葬できるところを使います。でも、次第《しだい》に墓地の数が足りなくなっているので、これからイスラム霊園《れいえん》をつくったりするようです。本国までご遺体を飛行機《ひこうき》で運んで埋葬した人もいる、と聞いたことがあります」

お骨《こつ》の埋め方は、お墓や地域《ちいき》によって違《ちが》う

「先生、骨ってどうやって埋めるの？　次に死んだ人を埋めるときに、前に埋めた骨が出てくるんじゃないの？」
「では、よくあるお墓の形をモデルに説明しますね。お骨をおさめる『カロート』という部分と、お名前などがきざんである『墓石《はかいし》』の部分、そのふたつでお墓はできています。カロートは墓石の下につくるのが一般的です。カロートはそんなに大きくないので、何人ものお骨をおさめるには、お骨の壺《つぼ》ごと入れるよりも、布《ぬの》の袋《ふくろ》にお骨を入れておさめるほうがいいでしょうね。カロートの中をのぞくと、前におさめたお骨があったりしますよ」

墓石に書く言葉もそれぞれ。好《す》きな言葉を書いてもいい！

「墓石にいろいろな言葉が書いてあるのは、目印だからですか？」
「『絆』『愛』など亡くなった人や家族の好きな言葉を書いている場合もあります

が、宗派《しゅうは》によっては『正面はこういう言葉にしましょう』と決まっている場合もあります。お経《きょう》から選《えら》んだ『南無阿弥陀仏《なむあみだぶつ》』や『倶会一処《くえいっしょ》』という言葉がそうですね。倶会一処というのは、『この世の生が終わってお別《わか》れしましたが、同じお浄土《じょうど》で会うことができます』という意味なんですよ。裏《うら》や横には亡くなった人の名前や亡くなった年が書かれていることが多いですね」

墓地で見かけるナゾの板は『卒塔婆《そとば》』。亡くなった人にお供《そな》えする

「田舎《いなか》に行ったとき、墓石だけじゃなくて、文字が書かれた細長い板もいっぱい地面に刺《さ》さってたんです……。あれはなんですか……？」

「ハヅキさん、よく観察《かんさつ》していますね。あの板は卒塔婆と言います。もともとは、『六道《ろくどう》』のひとつ、餓鬼《がき》界に落ちた人たちを救《すく》うため、お盆《ぼん》にお供えしていたものです。自分の家族ではないけれど、餓鬼界に落ちた人もみんな救いたい、

という気持ちから行われていました。その後、お盆のお参《まい》りと混《ま》じって、今では『ご先祖《せんぞ》さまのためにお供えするもの』と考える人が多いですね」

「不思議な文字がいっぱい書いてありました……」

「卒塔婆は書かれている文字も板のサイズもいろいろなんですよ。お盆が終わったあと、どうするかも、地域によって違います。お供えしたまま置いておく地域もあれば、お盆が終わったあと、お寺に戻《もど》す地域もあります。そもそも、あの板をお供えしないお寺もあるんです」

お盆とお正月には地獄《じごく》の鬼《おに》たちもお休みをとる

「お墓参《はかまい》りってお盆に行くものですよね？」

「そうとも限《かぎ》りませんよ。はるか大昔から、わたしたち人間は亡くなった人ともう一度会いたい、と思ってきました。だから、お盆に限らず、いつ行ってもいいし、何回行ってもいい。ただ、日本ではお盆やお彼岸《ひがん》のころに行くことが多いですね。世界的に見れば、一年で一番昼が長い夏至《げし》や、一番夜が長い冬至《とうじ》のころに亡くなった人のお祭りをするところも多いようです。日本のお盆も、古くは夏至に関係《かんけい》していたとも言われています」

「お盆と夏至ってどういう関係なんですか……?」

「夏至や冬至のように、昼と夜とのバランスが極端《きょくたん》になる時期には、この世界の秩序《ちつじょ》が揺《ゆ》れて、異次元《いじげん》との行き来が簡単にできるようになる、と古代人は考えたらしいですね」

「え、異次元って本当にあるんですか?」

「わたしたちの目には見えない世界があることはたしかだと思いますよ。とにかく、古代の人はそういうふうに考えていたんですね。『地獄の釜《かま》のフタが開く』っていう言葉があります。年に二回、お正月とお盆には地獄の鬼もお休みをとる。そのときには釜のフタが開いて、亡くなった人が自由に出て来られる。こちらも死者をお迎《むか》えに行ったりするわけです。フタが閉《し》まるころ、死者たちはまた帰っていく。せっかくお墓参りをするなら、亡くなった人と会える可能性《かのうせい》が高い時期がいいと思うから、お墓参りはお盆あたりに多くなったんじゃないでしょうか。お彼岸のお墓参りは、真西に陽が沈《しず》むことと関係があると思います。西は太陽が沈む方角、つまり、帰る世界の象徴《しょうちょう》ですから。日本でも一般的になってきたハロウィンも源流をたどれば、冬至に関係する行事だそうです。あれも、死者が家族のところに訪《たず》ねてくる、とされていますね」

お墓は埋葬する場所、お仏壇《ぶつだん》は仏さまをおまつりする聖《せい》なる場所

「釈先生。うちにお仏壇があるんです。お墓まで行かなくてもお仏壇にお参りすれば、亡くなった人と会えるんですか?」

「ヒナコさん、いい質問ですね! さっきお話ししたように、お墓は埋葬場所で

釈先生は浄土真宗なので、こんな感じの仏壇

禅宗だと こんな 感じの 仏壇になります

す。それに対して、お仏壇はお釈迦《しゃか》さまや阿弥陀《あみだ》さまなどの『ご本尊《ほんぞん》』（教えを代表したり、信仰の対象となるもの）をおまつりする大切な場所なんですよ」

「じゃあ、お墓とお仏壇じゃ全然意味が違うんですね」

「そうですね。ご本尊をおまつりするだけじゃなく、お仏壇には亡くなった人のことをしるした『お位牌《いはい》』や『過去帳《かこちょう》』を置いたりしますね。亡くなった人をなつかしんだり、ご供養《くよう》するという意味を持っているからでしょう。あるいは、亡くなった人が仏さまとなってわたしたちを導《みちび》いてくださるので、お仏壇でおまつりをするという意味もあります。ヒナコさんのように、お仏壇を窓口《まどぐち》として、先に旅立った人とお話しするのも、いいことだと思います」

「お墓はこわい」は当たり前！

「先生の話を聞いてたら、お墓って大事な場所なんだろうなってわかるけど、なんかこわいんだよね。どうしてだろ？　幽霊とかお化けが出そうだからかなぁ」

「リクさん、その『なんかこわい』という感覚《かんかく》ってとても大事なんですよ。そのこわさは、ずっとずっと昔から全人類《ぜんじんるい》が持っているものですからね。『幽霊を見たのは、こわいこわいと思っていたから見間違《みまちが》えたんだ』と心理的な錯覚《さっかく》が原因《げんいん》と説明をつけることもありますが、それだけでわかった気になるのもどうかと思いますね」

「どうしてですか？」とアミールが首をかしげる。

「幽霊って、『本当にいる』とか『いない』とかにかかわらず、古代から世界じゅうで共有《きょうゆう》されてきたものでしょう？　そこには何か人間にとって大切なことがあるんですよ、きっと。いつまでたってもハッキリとした答えは出ませんが、とにかく、長い間にわたって人類規模《じんるいきぼ》で共有してきたものには、敬意《けいい》と恐《おそ》れを持って扱《あつか》う、という態度《たいど》が大事だと思いますよ」

　ふと思いついて、わたしは釈先生に聞いてみた。

「釈先生は、幽霊っていると思いますか？」

「実は……、見たことないんです……。ただ、わたしは『幽霊でもいいから、死んだ祖母《そぼ》や母に会いたい、出てきてくれないかな』って思っています」

釈先生は少しさびしそうに笑った。


「わたし、夏休みの自由研究はお墓にしようかな」

帰り道、そう言ったら、「「「ずるい～！」」」とリク、ハヅキちゃん、アミールが声をそろえた。みんなも同じことを考えてたみたい。

アオイちゃんまで「ずるーい」と言ったから笑ってしまった。

「じゃあ……みんなでグループ研究にしようか！」

「ヒナコ、イスラム教のお墓のことも入れていい？」

「おー、それいいんじゃない？　オレ、ほかの国のお墓のことも知りたい！」

わたしたちは夜道をワイワイ話しながら帰った。

コラム3

お寺には必ずお墓があるわけじゃない!?

お寺には必ず墓地があるわけではありません。お寺にも、いろいろな性格《せいかく》があるからです。

たとえば修行《しゅぎょう》するためのお寺や、念仏《ねんぶつ》をするための道場としてのお寺などには、墓地がなかったりします。ほかにも、その村落で墓地を持っている地域だと、お寺に墓地はない場合があります。

お寺にいろいろな性格がある、とお話ししましたが、仏教徒《ぶっきょうと》じゃない人のお墓も引き受けますよ、というお寺もあれば、同じ宗派の人のお墓しかお引き受けできません、というお寺もあるんです。

ヒンドゥー教徒はお墓がない！

ヒンドゥー教のように、お墓をつくらない宗教《しゅうきょう》もあります。亡くなった人を焼いて、その灰《はい》を川や山にまいたりしちゃうので、お墓がないんです。ヒンドゥー教の場合、亡くなった人はまた生《う》まれ変《か》わるという輪廻《りんね》を信《しん》じているので、お墓は必要《ひつよう》ないと考えます。ただ近年はヒンドゥー教徒でもお墓をつくる人が出てきているようで、「ほかの宗教の影響《えいきょう》だと思う」と知人のヒンドゥー教徒が言っていました。

第五章　ブッダってだれのこと？　お経《きょう》ってなぁに？

お母さんがたきたてのごはんを小さな器《うつわ》によそいながら言う。

「ヒナコ、仏《ほとけ》さまにコレおねがいね」

お仏壇《ぶつだん》にたきたてのごはんをお供《そな》えしに行くのは、わたしの役目だ。

ごはんがこんもり盛《も》られた器をそうっと置《お》いて、わたしは手を合わせた。

「おはようございます、仏さま、ご先祖《せんぞ》さま」とお母さんがやっていた通りにごあいさつ。

そう言えば――仏さまって、お釈迦《しゃか》さまのことだよね？　ブッダっていう人もいなかったっけ？　ご先祖さまも仏さまなんだっけ？


学校でみんなに聞いてみると――。

「悟《さと》りを開いた人が『仏さま』になるって、釈《しゃく》先生が言ってたと思う……」

「お釈迦さまが仏さまの本名じゃねぇの？　この前、先生がちらっと言ってた阿《あ》弥《み》陀《だ》さまっていうのはなんなんだろ？」

「シャクソンも、お釈迦さまのことだって聞いたことがあるよ」

そんなことをアミールが言い出して、さらにわからなくなったわたしたちは放《ほう》課《か》後《ご》、釈先生のお寺に行った。

阿弥陀さまは、みんなを救《すく》う仏さま

「ヒナコさん、よく覚《おぼ》えてましたね。初《はじ》めて仏《ぶっ》教《きょう》の教えを説《と》いたのはお釈迦さまです。仏教はお釈迦さまから始まったんですね。アミールさんが聞いたことがあると言っていた『シャクソン』は漢字で書くと『釈《しゃく》尊《そん》』。お釈迦さまを尊《そん》敬《けい》した呼《よ》び名《な》なんです。ほかに『釈《しゃ》迦《か》如《にょ》来《らい》』や『釈《しゃ》迦《か》牟《む》尼《に》仏《ぶつ》』といった呼《よ》び方《かた》をするときもありますが、それもお釈迦さまを敬《うやま》った呼び方です」

釈迦如来
阿弥陀仏
薬師如来
大日如来

「先生、阿弥陀さまは？　お釈迦さまとはどう違《ちが》うの？」

「阿弥陀さまは『阿弥陀仏《あみだぶつ》』や『阿弥陀如来《あみだにょらい》』とも呼ばれていて、たくさんおられる仏さまの中でも、『救われたいと願《ねが》う人は、すべて救いたい』という仏さまなんです。極楽浄土《ごくらくじょうど》（西方浄土《さいほうじょうど》）という国を開いて、その世界に生まれたいと願う人を導《みちび》いてくださいます。お経を読みますと、お釈迦さまが『阿弥陀さまが救ってくださいますよ。安心しなさい』と教えを説いたお話が出てきます」

お釈迦さまは、もともと王子さまだった！

「お釈迦さまは、今から二千五百年以上《いじょう》前にインドの北のほうで生まれました。釈迦族《しゃかぞく》という部族の王子で、ゴータマ・シッダールタというのが本名です。シッダールタさんは結婚《けっこん》して、子どもも生まれたんですが、生きる上でさけることのできない苦しみ――生、老、病、死について思い悩《なや》んで国を飛《と》び出《だ》しました。この苦しみは、前にお話をした『生老病死《しょうろうびょうし》』のことですね。シッダールタさんは家庭も仕事も捨《す》てた『出家《しゅっけ》』と呼ばれる生き方で、悩みを解決《かいけつ》しようとしたんです」

「うーん……オレだったら王子でいるほうを選《えら》んだかも」とリクが言った。

お釈迦さまは『自分の都合メガネ』を外して『仏』になった

「それだけ深く悩まれたんだと思いますよ。同じような悩みを持つ人たちと出会ったり修行《しゅぎょう》をしたりしたあと、ついにシッダールタさんは生きる上での苦しみや悩みの仕組みと、解決する方法《ほうほう》を見つけます。もちろん『自分の都合メガネ』も外しました。苦しみや悩みが生まれる元を断《た》って、悟りを開いたんです。お釈迦さまは悟りを開いたあと八十歳《さい》で『涅槃《ねはん》に入る（この世界での生涯《しょうがい》を終える）』までその教えを説《と》き続《つづ》けました。悟りを開いた人のことをインドでは

『ブッダ』と言います。これは『目覚《めざ》めた人』という意味があるんです。漢字だと『仏陀《ぶっだ》』と書きます」

「仏っていう字が入ってますね」

「そうなんです、『仏さま』というのは『仏陀』という字と関係《かんけい》しています。お釈迦さまの教え通りに生きていくと、いつか悟りを開くことができます。日本では亡《な》くなった人を仏さまと呼びますが、仏教の教えと出会うこともなく死んでしまうと、仏さまになることはできません。本当の仏教の教えからいえば、亡くなった人すべてを仏さまと呼ぶのは間違《まちが》っています。ただ、わたしは、亡くなった人を仏さまと呼ぶ文化にとても興味《きょうみ》があります。日本の宗教文化《しゅうきょうぶんか》のすごくおもしろいところだと思いますね」

「先生。じゃあ、お仏壇にごあいさつするときに『ご先祖さま』って言うのは合ってますか？　わたし、『仏さま、ご先祖さま』って呼びかけてるんです」

お経は日本語ではない！

「ヒナコさん、毎朝、お仏壇にお供《そな》えをしてごあいさつするのはとてもいいことですよ。心も落ち着きます。ご本尊《ほんぞん》を『仏さま』とお呼びするのは間違っていません。亡くなった人をご先祖さまと呼ぶのもよいと思います。それに亡くなった人は、お浄土へ生まれて本当に仏さまになっておられるかもしれません。ところで、みなさんはお坊《ぼう》さんが読むお経を聞いたことはありますか？」

「お経ってあれでしょ、なんみょーほーれんげーきょーってやつ」

「え、ナムアミダブツじゃないの？」

「リクさん、ヒナコさん、すごいですねぇ。おふたりが言った『南無妙法蓮華経《なむみょうほうれんげきょう》』と『南無阿弥陀仏《なむあみだぶつ》』は、日本ではとても広く知られた仏教の言葉です。この言葉の元になっているのも、お経なんです。では、まずお経についてお話ししますね。お経はもともと、お釈迦さまの教えを記録《きろく》したもので、インドの古い言葉で書かれていたんです。わたしたちになじみが深いお経は、インドのお経を中国の言葉に翻訳《ほんやく》したものです」

三蔵法師《さんぞうほうし》は実在《じつざい》の人物だった！

「じゃあ、なにが書いてあるかわからないですよね……」

「そうなんです。もちろん、日本語にも翻訳されているんですよ。日本語で読んでも、なかなかむずかしいですけど。現在《げんざい》でも、中国語に翻訳したものをそのまま読む儀式《ぎしき》が行われています。日本の仏教の伝統《でんとう》ですね。今日は、お経を大きく三種類《しゅるい》に分けてお話ししますね。ひとつ目は『経蔵《きょうぞう》』。お釈迦さまの教えや、お釈迦さまが生まれる前の物語、どんなふうに悟りにたどりついたか、ということが書かれています。せまい意味で言えば、これが『お経』です。でも、広い意味で言えば、ふたつ目の『律蔵《りつぞう》』や、三つ目の『論蔵《ろんぞう》』もお経として考えられています。お坊さんがしてはいけないことを書いたのが『律蔵』です。そして、『経蔵』と『律蔵』を研究・解説《かいせつ》したのが『論蔵』なんです。この三つを合わせて『三蔵《さんぞう》』と言うので、お経を学んで翻訳したお坊さんのことを、尊敬の意味をこめて『三蔵法師』と呼んでいたんです」

わたしたちは「あっ」と声をあげた。

「孫悟空《そんごくう》！」

「そうです。孫悟空が出てくる『西遊記《さいゆうき》』で有名なお坊さんですよね。ただ、『三蔵法師』は名前ではなく、三つのお経を研究・翻訳したお坊さんの呼び方なんです。だから、ひとりではないんですね。『西遊記』の『三蔵法師』は本名を『玄奘《げんじょう》』と言います。『玄奘三蔵』と呼ばれる実在の人物なんですよ」

いろんなお経がある

「さっきリクさんの言った『南無妙法蓮華経』という言葉は、『法華経《ほけきょう》』の教えを信《しん》じます』という意味です。『法華経』は、とても重要《じゅうよう》なお経です。聖徳太子《しょうとくたいし》もこのお経を勉強したんですよ」

「学校で習った人が出てきた！」とアミールがうれしそうに言う。

「さっきの三蔵法師もですけれど、知っている名前が出てくると仏教も身近に感じられますよね。さて、問題です。『南無』という言葉は『おまかせします』とか『信じます』といった意味です。それでいくと『南無阿弥陀仏』は？」

「えっと、『南無、阿弥陀仏』だから……あ！　阿弥陀さまにおまかせします、阿弥陀さまを信じます、ですか？」

「ヒナコさん、正解《せいかい》です！　阿弥陀さまのことを書いたお経はたくさんありますよ。『無量寿経《むりょうじゅきょう》』や『阿弥陀経《あみだきょう》』がよく知られています。それに、すごく有名なお経と言えば『般若心経《はんにゃしんぎょう》』でしょうか」

わたしたちが首をひねると、「知りませんか。色即是空《しきそくぜくう》とか、ギャーテー ギャーテー（羯諦羯諦）なんていう言葉が有名なので、そのうち耳にすることもあるかもしれませんよ」と釈先生がほほえんだ。

「『般若心経』を訳《やく》したのも玄奘三蔵さんだと言われています。お坊さんはそれぞれ宗派《しゅうは》と呼ばれるグループに所属《しょぞく》しているんですが、その宗派によって読まれるお経が違います。これまでお話しした『法華経』や『阿弥陀経』や『般若心経』などはお葬式《そうしき》や法事《ほうじ》でも読まれることが多いんですよ」


『宗派』は、『悟り』という山の頂上《ちょうじょう》を目指すための登山ルートのようなもの

「先生。前から気になってたんですけど、『宗派』ってなんですか?」

「日本の仏教は『宗派』という、いくつかのグループに分かれています。飛鳥時《あすかじ》代《だい》から奈良時代《ならじだい》に中国から伝《つた》わったのが『法相宗《ほっそうしゅう》』『華厳宗《けごんしゅう》』『律宗《りっしゅう》』など。その後、どんどん宗派が増《ふ》えます。『最澄《さいちょう》』と『空海《くうかい》』という名前を聞いたことはないですか？」

「それも学校でやった！　えらいお坊さんだよね」

「じゃあ、ちょっと復習《ふくしゅう》しますね。遣唐使《けんとうし》として中国に渡《わた》ったふたりは、日本に戻《もど》ると、最澄は『天台宗《てんだいしゅう》』、空海は『真言宗《しんごんしゅう》』を開きました。最澄や空海のように宗派を開いた人のことを『開祖《かいそ》（「宗祖《しゅうそ》」とも）』と言います。そのあと、いろいろなお坊さんたちが開祖となって宗派が増えていきました」

「どうしてそんなに宗派があるんですか……？　お釈迦さまはひとりなのに……」

「わかりやすいように登山に例《たと》えますね。まず、山に登るときのことを考えてください。頂上まで、どうやって登りますか？」

「どうやってって、どの道を選ぶかってこと？　それとも、ひとりで登るのか、グループで登るのかってこと？」

「そう、ソコです。最終的《さいしゅうてき》には同じ頂上にたどりつくとしても、人によっては登り方が違ったりしますよね。体力のある人は急な崖《がけ》をどんどん登っていけるけど、体の弱い人はなだらかな坂道をゆっくり登っていく。前もって、熱心《ねっしん》に地図を調べたり、どういう山なのか勉強してから登る人もいれば、いきなり登り始める人も、山をよく知ってる人に手を引っぱってもらいながら登る人もいる」

「オレは崖を登っちゃいたいほうだなぁ。ハヅキは坂道をゆっくりで、ヒナコは勉強してから登るタイプだよな。アミールはゆるい道を楽しく登りそう」

「なるほど。みなさんバラバラですね」と釈先生が笑《わら》った。

「歩き方やルートがバラバラでも、まじめに歩いていけば、山のてっぺんには必《かなら》ずたどりつく。仏教では山のてっぺんが『悟り』で、登り方が『宗派』なんです。姿勢《しせい》を正して精神統一《せいしんとういつ》する『坐禅《ざぜん》』が中心の宗派もあるし、仏さまの姿《すがた》や功《く》徳《どく》を思《おも》い浮《う》かべたり、お名前を称《たた》える『念仏《ねんぶつ》』が中心の宗派もある。それぞれが

『悟り』という頂上を目指しているので、自分に合った登り方や、自分にご縁《えん》があった道を選べばいいんですよ」

「仏教とか宗教ってやっぱり、すごいんだね。二千五百年以上前にシッダールタさんが考えたことが、今も身近にあるんだから」

帰り道、わたしがつぶやくと、「みんながずーっと悩んできたんだ、オレひとりの悩みじゃないって思うと、心強いよな！」とリクが言った。

「いいこと言うね」とほめたのに、リクは「とりあえず、オレの今の悩みは明日《あした》の漢字テストだな」なんて言う。

「リク。その悩みは、勉強すれば解決するよ」

アミールがそう言ったけど、リクは聞こえないフリをしていた――。

第六章　死んだらどうなるの？

犬のシロは、わたしが生まれる前からいた大事な家族だ。

散歩《さんぽ》のときに、丸いしっぽをポヨンポヨンと揺《ゆ》らしながら歩くのを見るのがわたしは大好きだった。

なのに、少し前から散歩に行きたがらなくなった。ごはんも全然《ぜんぜん》食べてくれなくなった。

「ヒナコ。シロももう年だから、覚悟《かくご》しとこうね」

お母さんが言った通り、それからしばらくして、シロは死んでしまった。

バスタオルでくるんでもシロの体はどんどん冷《つめ》たくなっていって——わたしはわぁわぁ泣《な》いた。


リクとハヅキちゃんがなぐさめてくれた。

「ヒナコ、大丈夫《だいじょうぶ》だ。死んでもまた天国で会えるって、ばあちゃんが言ってた！」

「死んでも近くでずっと見守ってくれてるって、うちのお父さんも言ってるよ……」

わたしはなみだをふいて、ふたりを見つめた。

「ちょっと待って。……どっちなの？」

シロが今どこにいるのか、死んだらどうなるのか。すごく知りたい。

アミールも、「イスラム教の場合、死んだあとの行き先は神さまが決めてくれるんだ。それまでお墓《はか》の中で待つんだけど……イスラム教徒《きょうと》じゃないシロは、どこにいるのかな？」と首をかしげている。

わたしたちは釈《しゃく》先生のところに行った。

死んで終わりではない。死んだあとにも物語がある

釈先生は「ヒナコさん、つらかったですね」と優《やさ》しく声をかけてくれた。

「仏教《ぶっきょう》では、息を引き取ったその瞬間《しゅんかん》に、すべてが終わるとは考えていないんですよ」

「でも、死んだんだから、命は終わっちゃってるよね」

「そう、わたしたちが見たり聞いたり触《ふ》れたりできるこの世界での命は、終わりました。でも、仏教では命をもっと大きく考えます。たとえば宇宙《うちゅう》全体《ぜんたい》で考えれば、宇宙の中でさまざまに形を変《か》えながら、命はずっとつながっているとも言えるでしょう。今のわたしがここにいるのも、はるか昔からの命のつながりです。だから、命って、自分だけのものじゃないんですよ。シロの命は、ヒナコさんにもつながっていますよ」

信《しん》じている『物語』によって、死んだあとの行き先が違《ちが》う

「わたしは、死んだら仏となり、お浄土《じょうど》へ行く、という教えに導《みちび》かれて生きています。キリスト教だと、神さまの元へ行くと信じている人が多いです。イスラム教だと、永遠《えいえん》の生を得《え》る天国に行くと言われています」

「え、行き先が違うんですか……?」

「そうなんです。その人がどう生きてきたか、何を信じて生きてきたか——つまり、どのような教えに導かれて生きるかで、死んだあとの行き先が決まります。仏教はお釈迦《しゃか》さまや仏《ほとけ》さまの教えですし、キリスト教やイスラム教は神さまによる教えですよね。わたしはこれを広い意味での物語と呼《よ》んでいます。また、『語る』という行いも含めて、〝もの語り〟とも言っています」

「じゃあ、何も信じてない人はどこに行くんですか?」

「それも各宗《かくしゅう》教《きょう》がそれぞれに語っています。仏教だと輪廻《りんね》です。信仰《しんこう》がない人

は地獄《じごく》へ行くと考える宗教もあります。でも、何かを信仰してなくても『死んだれだれは今ごろ、○○にいるな』と感じることはありませんか?」
「父ちゃんと母ちゃんがソレ、言ってる! じいちゃん、お酒が好《す》きだったから、今ごろは空の上でたくさんお酒を飲んでるだろうねって」
「亡《な》くなったおじいさんは空の上にいるっていうのが、リクさんのご両親にとって一番ぴったりくる物語なのでしょうね。亡くなってもずっとそばにいる、と感じて暮《く》らしている人もいますよ。どうしてそう思うのか、家族で話してみるといいかもしれませんね」

悟《さと》りを開いたら、人間界にも天国にもどこでも行ける!

「もし、お父さんやお母さんと、わたしが信じてるものが違ったら、死んだあとには会えないってことですか?」

わたしがそう言うと、リクもハヅキちゃんも「あっ」と声をあげた。

「ホントだ！　先生、どうなるの？」

「リクたちとイスラム教徒のボクは行き先が違うってことですよね」

アミールが心配そうに言う。

「たしかに、わたしたちとアミールさんの行き先は違うかもしれませんね。仏教徒は死んだら輪廻から脱出《だっしゅつ》して極楽浄土《ごくらくじょうど》へ行き、仏さまになるんですが、仏さまになると、どんな場所にも行けて、いろいろな人を救《すく》うことができます。だから、わたしはみなさんが違う場所にいても会いに行きますよ。会いたい人が地獄にいたら、わたしは地獄までその人を救いに行くと思います」

それを聞いて、わたしは少しホッとした。

「あのぅ、うちのお父さんは、さっき先生が言ったように、死んだ人は近くでずっと見守ってるって話していたんですけど……」

「ハヅキさんのお父さんが、亡くなった人のことをずっと大切に思っているからでしょうね。お父さんが『そばにいる』と感じておられるなら、その人は本当にそばで見守ってくれているのかもしれませんよ」

死んだ人にはウソはつけない

「だれかの死は、多くの人に影響《えいきょう》を与えます。ひとりの人が亡くなることで、人生の意味が変わる人だっていますよ。『亡くなってからのほうが、ずっとそばにいてくれる気がする』と言う人もいれば、自分の一部がなくなったような感覚《かんかく》が消えず、苦しんでる人もいます。そばにいるように感じるのも、ずっと悲しいと思《おも》い続《つづ》けるのも、共通《きょうつう》しているのは『死んだ人を意識《いしき》しながら暮らしている』ということです」

「先生、よくわかんないや。死んだ人を意識しながら暮らすって、どういうこと?」

「そうですねえ。たとえば……生きている間には迷《まよ》うことってあるでしょう？　こっちの道とあっちの道、どちらに行こうかって迷ったときに、『こっちに行ったら、死んだ奥《おく》さんは喜《よろこ》ぶかもしれない』とか『あっちを選《えら》んだら、死んだお母ちゃんは怒《おこ》るだろうな』と考えるわけです」

「怒るってことは、それはよくない道ってことですよね」

「そうです。人間は弱いから、よくない道だとわかっていても楽な道を選んでしまいます。『こっちの道でも大丈夫。だって、○○だから』って自分にウソをついてしまう。でも、死んだ人にはウソはつけませんからね。死んだ人の顔を思い出して『怒るだろうな』と思って踏《ふ》みとどまったり、『喜ぶだろうな』と思って少ししんどい道を選んだりするんです。わたしたちは長く生きれば生きるほど、たくさんの死を経験《けいけん》します。親しい人を見送っていかなければならないというのはつらくて悲しいことなんですが、ウソをつけない存在《そんざい》が増《ふ》えていくというのは、生きる値打《ねう》ちになっていくんだと思います」

悲しみはごまかさず、ちゃんと泣いたり悲しんだりするほうがいい

「先生。わたし、シロのことを考えるだけですごくつらくて苦しいんです。こういうとき、どうしたらいいですか？」

話している間にも、なみだがあふれてしまいそうになり、わたしは急いでハンカチで目を押《お》さえた。

「ヒナコさん、泣いてもいいんですよ。しっかり悲しむのは大事なことなんです。つらいときに、そのこととききちんと向き合わず、ほかのことで気をまぎらわせたり、悲しみをごまかしたりするより、ちゃんと泣いたり悲しんだりするほうがいいです」

「泣いたらもっと悲しくなるから、我慢《がまん》してました」

大きな悲しみは、少しずつ受け止めていく

「我慢しなくていいんです。ただね、すごく愛《あい》していた人やペットがいなくなると、その悲しみが大きすぎて、一度に受け止めることができないこともあります。――以前《いぜん》、亡くなった人をご縁《えん》に、いろんな儀式《ぎしき》をするというお話をしたことがありましたね？」

「あ、あれだ、法事《ほうじ》！　三と七のつく年だっけ」

「七日《なのか》ごとの裁判《さいばん》があるんですよね……」

リクとハヅキちゃんに先生は「正解《せいかい》です」とほほえんだ。

「法事は亡くなった人のためだけでなく、残《のこ》されたわたしたちのためでもあるんです。法事ではみんなで集まって、その人の思い出を話して、悲しみを分け合うんですよ。これを『喪《も》の作業』と言います。『喪の作業』のたびに、わたしたちは一度に引き受けられない悲しみをちょっとずつちょっとずつ受け止めていくん

ですよ」

つらくて苦しい死が、大事なことを教えてくれる

「ヒナコさん。シロは犬だけど、あなたにとても大事なことを教えてくれたんです」

「とても大事なこと、ですか？」

「ええ。お母さんに『覚悟しておこうね』って言われたときから、ヒナコさんはずっと、死ぬってどういうことだろうとか、命ってなんだろうって考えたり、感じたりしたでしょう？　それってシロが身をもって教えてくれたことなんです。シロの死で考えたり、感じたりしたこと、わたしたちと話したことは、いろんな形でヒナコさんの中に残ります。それって、これからもシロとずっといっしょに生きていくということじゃないかなって思うんです」

シロとずっといっしょに生きていく、という言葉を聞いたとたん、胸《むね》の奥《おく》があったかくなった。

死んだ人やペットのことを語り合うことで、悲しみを受け止める

「先生。わたしやお母さんが泣いちゃうから、うちではシロの話をしないようにしてたんです。でも、今日のお話、お父さんやお母さんにしてみます！」

「ぜひ、そうしてください。悲しみを受け止めるまで、大泣きしたり、みんなで語り合ったりするしかない、とわたしは思ってます」

その日の夕ごはんのあとで、わたしは水をすくうときみたいに、両方の手をくっつけてお父さんとお母さんに見せた。

「ねぇねぇ、シロって、うちに来たときはこーんな小さかったって本当？」

わたしがシロの話をしたことにお父さんとお母さんはビックリしていたけど、お母さんが両手を広げた。

「そうそう、それぐらい。それがこーんなに大きくなっちゃったもんねぇ」

「大きくなっても、いつまでも子どもみたいだったよな。シロ、お父さんの靴下《くつした》ばっかり隠《かく》しちゃうんだから。あれには困《こま》ったなぁ」

「ちょっと目をはなしたすきに持ってっちゃってたよね」

「大掃除《おおそうじ》のときに、歯形だらけの靴下がいっぱい出てきて、みんなで大笑《おおわら》いしたわね」

「靴下が出てきてから叱《しか》っても、シロはなんのことって感じでキョトンとしてたなぁ」

話していると、もうシロはいないんだなってあらためて感じて泣きそうになる。

でも……シロも近くでいっしょに話を聞いているような気がして、わたしは少しうれしくなった。

第七章　お葬《そう》式《しき》のアレコレ

昨日《きのう》はひいおばあちゃんのお葬式だった。

わたしや妹のアオイがお葬式に出るのは初《はじ》めてで、わからないことだらけ。

それでも釈《しゃく》先生の話を思い出して、ひいおばあちゃんが行きたいところに行けますように、と考えながらお別《わか》れをした。


次の日、学校でわたしはヒナコちゃんとリクくんにお葬式の話をした。

「そう言えば、お葬式って黒とか紺《こん》の服ばっかりだったの……どうしてなのかな……？」

「法事《ほうじ》もそうだったよ。色が指定されてるのかな？」

「日本のお葬式に出たことがないから、くわしく知りたい」というアミールくんもいっしょに、わたしたちは釈先生のお寺へ行った。

昔のお葬式では白い着物を着ていた！

「ハヅキさん、お疲《つか》れさまでした。ひいおばあさんのこと、お気《き》の毒《どく》でしたね――」

釈先生は優《やさ》しくそう言ってくれた。

「ハヅキさんやヒナコさんが感じた通り、お葬式や法事では黒や紺の服を着ている人が多いですよね。でも、昔のお葬式では白い着物を着ていたそうですよ」

「ええ！　白？　いいの、それ？」

リクくんだけじゃなく、わたしやヒナコちゃんもおどろいた。

「わたしの父や祖母《そぼ》はそう言ってましたし、わたしも子どものころ、お葬式のお手伝《てつだ》いで田舎《いなか》に行ったら、白い服を着ている人もいましたよ。ン十年前なんですが、田舎だから昔の風習が残《のこ》っていたのかもしれません。みんながお葬式で黒を着始めたのは、昭和の中ごろあたりからじゃないでしょうか」

どうして黒になったんだろう……？　と思っていたら、釈先生が続《つづ》けた。

「仏教《ぶっきょう》にはイメージカラーがあるんですが、国によって違《ちが》っているんです。チベットだとエビ茶色。赤茶っぽい色ですね。スリランカやタイだと樺色《かばいろ》と言って、赤みがかった黄色。韓国《かんこく》は灰色《はいいろ》。日本は墨染《すみぞ》めと言われる、墨で染めたような色、つまり黒がイメージカラーなので、着る服も黒が主流になったのかもしれませんね」

お葬式は、入学式や卒業式《そつぎょうしき》と同じ『非日常《ひにちじょう》の場《ば》』

「絶対《ぜったい》に黒や紺じゃなきゃダメというわけではないとは思います。ただ、お葬式や法事は、お坊《ぼう》さんだけでなく、その場にいる人みんなでつくる『場』なんです。そういう『場』はいつもの日常ではないので、『非日常』と言います」

「『非日常』って、お祈《いの》りの話のときにも出てきた！」

「リクさん、よく覚《おぼ》えてますね。そうです、お祈りもお葬式も『宗教儀礼《しゅうきょうぎれい》』なんです。そういう『非日常の場』では、全員が同じ方向を向いていることが基本《きほん》なんです」

「同じ方向って——みんなが東西南北のどこかを同時に向くってこと？」

「体の向きではなくて、気持ちを同じほうに向けるんです。今回の場合だと、ハヅキさんのひいおばあさんの死を悲しみ、生きぬいた歩みを振《ふ》り返《かえ》る。そういうときに、派手《はで》な服装《ふくそう》をしていたら、心のリズムと合わないでしょう？」

わたしはうなずいた。そうか、まわりに気が散《ち》るものがなかったから、お葬式でひいおばあちゃんのことだけを考えられたんだ。

「『非日常の場』はお葬式だけではないんです。入学式や卒業式もそうなんですよ」

「静《しず》かにしなきゃって気持ちになるのは、そういう『場』だからなんですね」

お葬式にTシャツと短パンで行く国もある!?

「日本人は、『非日常の場』に自分を溶《と》け込《こ》ませることが得意《とくい》なんだと思います。だから、お葬式や法事、儀式《ぎしき》のときに『場』を壊《こわ》さないような態度《たいど》を大切にしているのでしょう。アミールさんはイスラム教のお葬式に出たことはありますか?」

「ありません。でも、先生の話を聞いて、イスラム教でも仏教でもお葬式に出たら『場』を乱《みだ》さないようにして、死んだ人のことを考えようって思いました」

「そういう気持ちでいれば大丈夫《だいじょうぶ》ですよ。国や地域《ちいき》、宗教によって、お葬式のやり方は違います。実は、知り合いにベトナム人の学生さんがいるんですが、『ベトナムのお葬式では服装なんか気にしませんよ、Tシャツと短パンで来る人もいます』って言ってました」

「それはちょっとビックリしますよね……」

「そうなんです。だから、彼《かれ》には『日本では、Tシャツと短パンでお葬式に行ったら、えらいことになるからね』とアドバイスしておきました。ただね、そういう服装でいいというのも、彼が暮《く》らしてきた地域や家庭ならではの理由があるんだと思いますよ。だから、Tシャツと短パンでお葬式に来たからといって怒《おこ》るのではなく、そういう場合はいつも言ってるアレです――」

「『自分の都合メガネ』を外す！　だよね？　考え方を押《お》し付《つ》けちゃダメだもんね」

リクくんの言葉に、釈先生は笑顔《えがお》でそうそう、とうなずいた。

お通《つ》夜《や》とお葬式――『状《じょう》態《たい》』が変《か》わるときには『宗教儀礼』をする

「釈先生。日本では『お葬式』の前の夜に『お通夜』があるんですよね？」

「アミールさん、よく知っていますねぇ。そう、人が亡《な》くなってから葬儀《そうぎ》までの間にする儀式が『お通夜』です。昔の『モガリ』（埋《まい》葬《そう》する前に行う儀式）の一種《いっしゅ》でしょうね」

「二回も儀式をやるんですか？」

「お通夜やお葬式以外《いがい》にも、亡くなった方の枕元《まくらもと》でお経《きょう》を読む『枕経《まくらぎょう》』や火葬《かそう》したあとでお骨《こつ》を骨壺《こつつぼ》におさめてお経を読む『骨上《こつあ》げ』など、いくつも儀礼があるんですよ。それに、今のように医学が発達《はったつ》していなかった時代は、たしかに亡くなったかどうかを判定《はんてい》するのに時間がかかったのでしょう。土葬《どそう》だったころは、埋《う》めるための穴《あな》を掘《ほ》っていた

ら息を吹《ふ》き返《かえ》して棺《ひつぎ》がガタガタ動いた、なんて伝説《でんせつ》もあります」

「ええっ」

「そのまま気づかずに……って考えたらこわいですよね。だから、あるていどの時間が必《ひっ》要《よう》なんですね。もちろん、みんなでいっしょに悲しみの時間を過《す》ごすという意味も大きいでしょう。それがお通夜の成《な》り立《た》ちだと思います。生者から死者へと変わる間に営《いとな》む儀礼が『お通夜』や『お葬式』。こういった、特《とく》定《てい》の宗教の決められた形を守って行う儀式を『宗教儀礼』と言います。人類《じんるい》は昔から、状態が変わるときに『宗教儀礼』をやってきた

んです。お葬式以外にもいろいろありますよ」

「状態が変わるって——あ、子どもから大人になる成人式《せいじんしき》ですね！」

「ヒナコさん、正解《せいかい》です！『七五三』も神道《しんとう》の宗教儀礼です。三歳《さい》とは、そっていた髪《かみ》の毛《け》を伸《の》ばし始めるタイミング。五歳は男の子が初めて袴《はかま》を身に着けるようになり、七歳は女の子が着物を着る際《さい》にヒモではなく帯《おび》を結《むす》ぶタイミング。だから、三歳は男子と女子、五歳は男子、七歳は女子を対象《たいしょう》にした儀礼なんです。最近《さいきん》は性別《せいべつ》にこだわらず、三回とも儀礼をする人もおられますね。こちらの家庭からあちらの家庭へと移《うつ》る、結婚式《けっこんしき》も宗教儀礼です」

猿《えん》人《じん》のときは、お葬式がなかった！

「この『状態が変わるときには儀式を営む』のは、人類のすごく重要《じゅうよう》な特性《とくせい》です。愛《あい》する人や仲間《なかま》を亡くしたときに何らかの儀式を行うなんてこと、ほかの生き物はしないでしょう？　亡くなった人を埋葬し、儀礼を始めたころから、人類が人類として成り立った、とも言えるんじゃないでしょうか。『どうしてお葬式をするんですか』って聞かれることがありますが、理屈《りくつ》じゃないんですよねぇ。『人類は葬儀をする生き物だから、お葬式をするんです』って答えちゃってますね」

「人類になるまではなんだったんだろ。猿《さる》？」

リクくんは冗談《じょうだん》で言ったみたいだったけど、釈先生は「ええ、そんな感じです」とうなずいた。

「人間と猿とは同じ祖先《そせん》なんですよ。人類は『猿人』から始まって、『原人』『旧人《きゅうじん》』『新人』と進化してきました。『旧人』で一番有名なのは、『ネアンデルタール人』でしょうか」

「『ネアンデルタール人』って、火や道具を使いだしたんでしたっけ……」

「そうです。その『ネアンデルタール人』の遺跡《いせき》には、死んだ人を埋めた形跡《けいせき》があるんです。赤く染めた土をかけたりとか、お花を供《そな》えたりしたという話もあります。『ネアンデルタール人』も人の死を悲しみ、また会いたいと思ったんでしょうね。つまり、『死んだあとの物語』を持つようになった。この能力《のうりょく》があるのも人間だけです」

お焼香《しょうこう》は、『仏《ほとけ》さまにささげる』もの

「ひいおばあちゃんのお葬式で、お焼香っていうのをやりました……。あれも何かの意味があるんですよね……？」

「オショーコーって？」

リクくんとアミールくんが首をかしげた。

「粉末《ふんまつ》のお香《こう》を火種《ひだね》に落とすことで、香《かお》りを立たせるんです」

「それ、わたしも法事でやりました！」

「お通夜などでのお香には、『におい消し』の効果《こうか》もあったと思います。昔は今のようにドライアイスなんてありませんからね。ご遺体《いたい》のにおいが気になったんじゃないかな。でも、ふだんからお寺やお仏壇《ぶつだん》の前でお香をたくでしょう？　『仏さまにお香をささげる』ことが大切なんです」

「『お香をささげる』ってどういう意味？」

「この場合の『ささげる』は仏さまに気持ちをこめて何かを差《さ》し出《だ》す、という行為です。そうすると、自分のことばかり考えてしまいがちなわたしたちの気持ちが、仏さまへと向くんです。それに、お香は『場をつくりだす』という役目を果《は》たします。そこに集まった人たちの心をしずめたり、お

だやかにしたり、集中させるために、はるか昔からお香が使われてきました」

お焼香は自己流《じこりゅう》ではなく、正式な方法《ほうほう》で！

お焼香をしたことがないアミールくんとリクくんのために、先生がお焼香の道具を持ってきてくれた。

「では、この粉《こな》を親指と人差《ひとさ》し指《ゆび》、中指でつまんでください。それを、今、煙《けむり》が出ている香炉《こうろ》へ入れます。動作としては、これだけです」

「え、これだけ？　簡単《かんたん》ですね」

「そう、簡単なんです。でもね、アミールさん。この入れる動作を何回繰《く》り返《かえ》すのか、つまんだお香を今みたいにすぐ香炉へ入れるのか、おでこの高さにまで持っていってから香炉に入れるのか。宗派《しゅうは》によって違うんですよ」

宗派を確認《かくにん》しなきゃいけないなんて大変《たいへん》そう……と思っていたら、「大丈夫です」と先生がほほえんだ。

「どこの宗派でもいいので、正式なやり方をひとつだけ、覚えてください。特《とく》に言われないかぎりは、覚えているやり方をすればいいんですよ。わたしは『浄《じょう》土《ど》真宗《しんしゅう》　本願寺《ほんがんじ》派《は》』という宗派なので、お焼香は一回。お香をつまんだら、そのまま、すぐ香炉に入れます」

「ひいおばあちゃんのお葬式のときは、お母さんのマネをしました……」

「それで大丈夫ですよ。ただ、仏さまやその場にいる人たちを大切にするためにも、自己流ではないほうがいいですね。お作法《さほう》なんですよ。きちんとしたやり方をすることで、美しい動作の流れになります」


学校から帰ると、お母さんとアオイがお葬式で撮《と》った集合写真を見ていた。

ひいおばあちゃんの写真を持っているおじいちゃんが、中央に座《すわ》っている。

「こうやって久《ひさ》しぶりに親戚《しんせき》で集まることができたのは、ひいおばあちゃんのおかげね」

わたしもうなずいた。ひいおばあちゃんのおかげで、みんなとお葬式のことを話せたし、仏教のむずかしい話もちょっとだけわかるようになった。

「ひいおばあちゃん、ありがとう……」

お礼を言うと、写真の中のひいおばあちゃんがうれしそうに笑《わら》い返《かえ》してくれた気がした。

コラム4

国によって『死者儀礼』を担当《たんとう》している宗教は違う！

お葬式やお通夜、法事などを『死者儀礼』と言います。日本では仏教が担当することが多いんですが、中国や台湾《たいわん》では多くの場合『道教《どうきょう》』という宗教が担当しています。韓国は『儒教《じゅきょう》』が多く、キリスト教徒《きょうと》の多い国では『キリスト教』が担当していまず。長い歴史《れきし》の中で、『死者儀礼』を担当する宗教がかわった国もあります。でも、人類が人類であるかぎり、『死者儀礼』はなくならないと思いますよ。

第八章　お坊《ぼう》さんの仕事

今日は遠足。行き先は京都だ。

自由行動の時間に、同じ班《はん》のヒナコ、ハヅキ、アミールと歩いていたら、大きなお寺があった。入ってみると――。

アレレ？　お坊さんの頭が……ツルツルじゃない！　髪《かみ》が生えてる！

「お坊さんって髪の毛を全部そらなきゃいけない、と思ってたんだけど、違《ちが》うんだね」とアミールも首をかしげてる。

「まだ修行中《しゅぎょうちゅう》なんじゃないのかなぁ」

「一人前になったらツルツルにしちゃうのかもね……」

そんなことを言っていたら、建物《たてもの》から出てきたお坊さんがこちらに手を振《ふ》った。

釈《しゃく》先生だ！

「今日は用事があって、こちらに来ていたんですよ」

お釈迦《しゃか》さまはすごいクセ毛だった！

そのとき、ひとりのお坊さんが頭を下げながら通《とお》り過《す》ぎていった。ツルツル頭の釈先生と違って、髪の毛のあるお坊さんだ。

「あのお坊さんは、まだ一人前じゃないんですよね？」

「え、どうしてですか？」

「だって髪の毛があるから。修行が終わったら、釈先生みたいに頭をツルツルにするんでしょう？」

アミールの言葉に、「違いますよ」と釈先生は笑顔《えがお》で手を振った。

「『坊主頭《ぼうずあたま》』なんて言うぐらいですから、お坊さんと言えば、頭をツルツルにそっていたり、髪の毛をすごく短くしていたりしているイメージですが、お釈迦さまの頭だってツルツルじゃなかったんですよ」

「えー！　じゃあ、フサフサってこと？」

「フサフサ……ではないですね。お釈迦さまは悟《さと》りを開こうと考えたときに、指の関節《かんせつ》ふたつ分ぐらいの長さを残《のこ》して髪の毛を切ったそうです。大変《たいへん》なクセ毛だったので、髪の毛が勝手にクルクルッと巻《ま》いてしまっていたそうです」

「へぇ、おもしろい！　お釈迦さまもクセ毛に悩《なや》んでたりして」

　そう言うと、釈先生が笑《わら》いながらうなずいた。

「もしかしたら悟りを開かれる前は気にしてたかもしれませんね。奈良《なら》や鎌倉《かまくら》の大仏《だいぶつ》さまの頭はブツブツになっているんですが、あれは『螺髪《らほつ》』という髪型《かみがた》で、クセ毛のお釈迦さまがモデルなんです」

頭をツルツルにする理由は欲望《よくぼう》を捨《す》てるため！

「お釈迦さまはそってないのに、お坊さんがツルツルにするのはどうしてですか？」

「お経《きょう》には、『修行の邪魔《じゃま》だから』と書いてあります。髪型の乱《みだ》れを気にしているようじゃ、ダメでしょうからね。それに、髪の毛は『欲望』のシンボルでもあります。心理学者のユングという人が言ってましたが、髪の毛が伸《の》びる夢《ゆめ》って『生命力』を意味しているんです。生命力には、食欲をはじめとしたたくさんの欲がつきもので、それは一般《いっぱん》の人にとってはごくふつうの欲望なんです。でも、欲は『ほかの人よりも多く、いいものを手に入れたい』という悩みや苦しみを生みますから、悟るためにはさけなければいけない。だから、欲望のシンボルである髪の毛もそるようになったんですね。お坊さんになると生活がガラリと変《か》わりますから、その決意表明でもあります」

髪の毛をそらなきゃいけない宗派《しゅうは》もあるし、そらなくてもいい宗派もある

「じゃあ、ここのお寺のお坊さんたちは……？」

「日本の仏教《ぶっきょう》はいくつかの宗派に分かれている、という話を覚《おぼ》えていますか？　ほとんどのお坊さんはどこかの宗派に所属《しょぞく》しています。修行期間中はどの宗派も髪の毛をそりますが、修行が終わったあとは宗派によって違います。わたしやこのお寺のお坊さんたちが所属している『浄土真宗《じょうどしんしゅう》』などでは、髪の毛をどうするかはその人の判断《はんだん》にまかされているんです。そりたければそればいいし、伸ばしたければ伸ばしてもいい」

「髪を伸ばしても、悟りは開けるんですか？」

「髪を伸ばしても悟りを開く人はいると思います。ふつうの生活から離《はな》れ、家族も財産《ざいさん》も持たずに悟りを求《もと》めることを『出家《しゅっけ》』、ふつうの暮《く》らしをしながら悟りを求めることを『在家《ざいけ》』と言います。『浄土真宗』は『在家』のお坊さんなの

で、一般の人たちと同じように髪の毛を伸ばす、あるがままの姿《すがた》で悟りを開こうとします。わたしのようにツルツルにそっているほうが、変わり者と思われちゃうんです。そうそう、わたしの知人の『浄土宗《じょうどしゅう》』のお坊さんは、アフロヘアにしたりしていましたよ」

アフロのお坊さん！ 想像《そうぞう》しようとしてもできなかった。

「きちんと髪をそるのは『曹洞宗《そうとうしゅう》』や『臨済宗《りんざいしゅう》』といった宗派です。『浄髪《じょうはつ》の日』といって、毎月髪の毛をそる日が決まっているので、そこのお坊さんの頭はツルツルなんですよ」

釈先生が頭をツルツルにしている理由は……

「釈先生が頭をツルツルにそっているのはどうしてですか？」

「正直に言いますけど……わたしの場合は、ハゲたからです。髪の毛が薄《うす》くなって、それを気にするぐらいだったら全部そっちゃおう！　と」

意外な答えにオレたちはポカンと口を開けた。うちの父ちゃんと同じ悩みだ！

「いまは十日に一回ぐらいのペースでそっています。そるのはめんどうくさいので、いっそ生えなきゃいいのにって思います。髪の毛がないと楽ですよ。髪の毛をセットする必要《ひつよう》もないですし、頭を洗《あら》うのも簡単《かんたん》です。家族と比《くら》べても、洗面《せんめん》所《じょ》にいる時間は大幅《おおはば》に少ないです。お坊さんの服装《ふくそう》にも合っていると思いませんか？」

ウンウン、とオレたちは大きくうなずいた。

現代《げんだい》のお坊さんは洋服も着る！

「お坊さんって、いつもそういう着物なんですか？」

「法事《ほうじ》やお葬式《そうしき》などの儀式《ぎしき》のときは、『僧衣（そうえ・そうい）』という着物です。その上から『袈裟《けさ》』を着けます。でも、儀式のとき以外《いがい》だと、洋服を着ている人も多いようです。お坊さんというのは職業《しょくぎょう》ではなく『生き方そのもの』なので、本当はずっと僧衣や袈裟をつけて暮らすべきかもしれません。以前《いぜん》はそうだったんですけどね。一般の人が洋服で暮らすようになってお坊さんも変わったんだと思います。少し前まで、日常生活《にちじょうせいかつ》では浴衣《ゆかた》を着ていたお相撲《すもう》さんが、ジャージを着るようになったのと似《に》ているかも。海外ですと、お坊さんが洋服を着ている国は少数派《しょうすうは》です。外国のお坊さんはずっと僧衣で暮らしているんですよ」

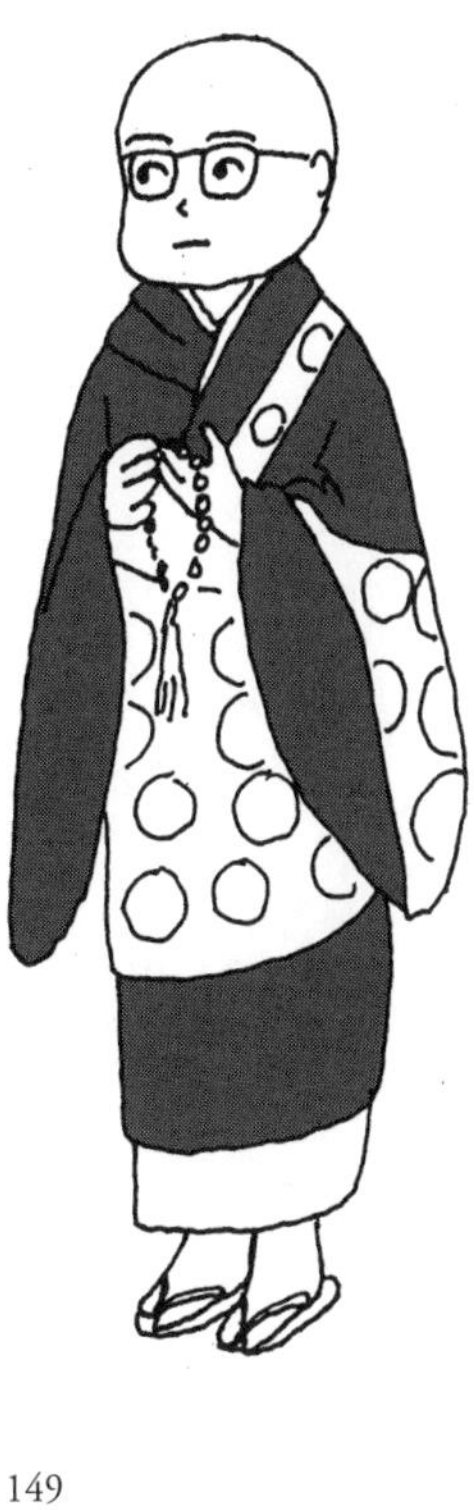

お数珠《じゅず》の役割《やくわり》もだんだん変わってきた

「釈先生がいつも持ってる数珠って、何をするものなんですか……？　ひいおばあちゃんのお葬式でも大人の人たちが持ってました……」

「お数珠はインドからペルシャ（今のイラン）にかけて生まれたものなんです。『お念珠《ねんじゅ》』とも言います」

そう言って、釈先生はメモに字を書いてくれた。

「もともと、仏《ほとけ》さまの名前や『マントラ（真言《しんごん》）』というお祈《いの》りの言葉を何回言ったか数える道具だったんです。今はお作法《さほう》として持つことが多いですね」

お坊さんは毎日、法事をしている！

「釈先生、今日はここにいるけど、オレたちが行くときはいつもお寺にいるよね。もしかして、お坊さんってすっごくヒマなの？」

小声で聞くと、「ちょっとリク！」とヒナコに怒《おこ》られたけど、釈先生は「ナイショです」とニコニコしていた。

アミールが「ハイ！」と手をあげる。

「お坊さんの一日ってどんな感じなんですか？」

「お坊さんは朝、起きるとすぐに『勤行《ごんぎょう》』をします。お寺の本堂《ほんどう》でお経を読んだりするんです。時間はお寺や宗派によってもいろいろですが、朝六時ごろから始めるところが多いですね。四時半から、というお寺もあるんですよ。『勤行』が終わったら朝ごはん。七時半ごろから各《かく》お宅《たく》へと法事へ向かいます。また、お掃除《そうじ》することも大切なお仕事です。お寺のお掃除は大変なんですよ。夕方にまた『勤行』をして夕ごはん。そのほかに、仏教の勉強をしたり、わたしのようなお寺を管理《かんり》する『住職《じゅうしょく》』というお坊さんは、お寺の経営《けいえい》に関《かん》する事務《じむ》や経理《けいり》をやったりします」

「毎日、法事があるんですか？」

「ヒナコさん、今、四十九日《しじゅうくにち》や三回忌《さんかいき》などの法要《ほうよう》を想像したでしょう？　そういう法事とはまた別《べつ》に、地域《ちいき》によっては亡《な》くなった日付《ひづけ》に毎月、お坊さんがその家に行ってお経を読む習慣《しゅうかん》があるんですよ。これを『月命日《つきめいにち》の月忌参《がっきまい》り』『お逮《たい》夜参《やまい》り』『常逮夜《じょうたいや》』などと言います。日によっては、十軒《けん》、二十軒のおうちで『月忌参り』をすることもあるので、車やバイクに乗ってあちこちを走り回ってますよ。忙《いそが》しいお寺だと、これだけで一日かかってしまいます。土曜日と日曜日は『月忌参り』のほかに、三回忌や七回忌《しちかいき》といった法要も入ります。このときにはお説教《せっきょう》・法話《ほうわ》をします。もちろん、お通夜《つや》やお葬式もあります」

「お通夜やお葬式って、前もって日にちが決まってないですよね……」

「はい。ですから、お坊さんにお休みはないんです」

オレたちは「ええ〜」と声をあげた。

お坊さんに休みはない！　でも、約束《やくそく》するなら「三十一日」か「友引《ともびき》」はどう？

「お休みではないんですが、月のうち一日だけ、お坊さんが比較的《ひかくてき》ゆっくりできる日があるんです。それが三十一日」

「え、なんで三十一日？」

「さっきお話しした『月忌参り』が関係《かんけい》してます。三十一日に亡くなった人の場合は三十日にお参りをする習慣になっているんです。四月や六月のように三十一日がない月がありますからね。だから、『月忌参り』のない三十一日はお坊さんもゆっくりできるんです」

へえ！　とおどろくオレたちに、「もうひとつ『お坊さんあるある』をお教えしましょう」と釈先生がほほえんだ。

「カレンダーや手帳に『大安《たいあん》』とか『仏滅《ぶつめつ》』って書いてあるんですが、見たことはありますか？　『六曜《ろくよう》』（りくよう　とも読む）と言って、何かをするのに向いている日、向いていない日など、暦《こよみ》の日を六種類《しゅるい》に分けたものです。『友引』は、悪い日ではないらしいのですが、『友を引っぱる』と受け取られるので、お葬式には向かない日とされていて、お休みになる火葬場《かそうば》もあります。お通夜はお葬式の前日に行われますから、お坊さん同士《どうし》で約束をするならお葬式が入らない『友引』や、『友引』の前の夜を選《えら》ぶんです。会合や勉強会も『友引』にあることが多いですね」

『得度式《とくどしき》』は、お坊さんになる第一歩

「お休みはないし、走り回らないといけないし、勉強もしないといけないし、お坊さんって大変ですよね……。お坊さんになるのも大変なんですか……?」

「お坊さんになるには、宗派で決められた手続《てつづ》きと儀式を終了《しゅうりょう》しないといけないんです。『得度式』と呼ばれるものがそのひとつですね。『得度式』が済《す》んだからと言って立派《りっぱ》なお坊さんになったわけではなくて、お坊さんの第一歩を始めることができるだけなんです。もし、みなさんが『得度式』を受けたいと思ったら、知り合いのお寺やお坊さんに相談してみてくださいね。どこかのお寺に入り口になってもらわないと、宗派の『得度式』や『受戒《じゅかい》』という儀式を受けることはできませんから」

「入り口になってもらうって、どういうことですか……?」

「基本的《きほんてき》には、師匠《ししょう》のお坊さんがいないと『得度式』を受けられないんです。

そんな中、『浄土真宗』では師匠と弟子《でし》の関係がなくて、お坊さんはみんな同じ立場なんですが、それでも『この人は、うちのお寺の所属にします』と言ってくれるお坊さんがいないと、申《もう》し込《こ》みを受《う》け付《つ》けてもらえないんですよ」

お寺の子がみんなお坊さんになるわけじゃない

「お坊さんってみんな、お寺に生まれた人たちじゃないんですか?」

「お寺に生まれてもお坊さんにならない人はいますし、お寺の生まれではないお坊さんもたくさんいます。ただ、さっきも言ったように、どこかのお寺に入り口になってもらわないと『得度式』を受けられません。お寺の子はそこを省略《しょうりゃく》できるので少し有利《ゆうり》ですよね」

帰りのバスで、アミールがため息をついた。

「お坊さんになるのも、毎日の仕事も大変なんだねぇ」

「大変じゃないお仕事なんてないもんね……」とハヅキもうなずく。

「釈先生、いつもオレたちの相手をしてくれるから、お坊さんってヒマなのかと思ってた」

「もう、リクってば！　逆《ぎゃく》なのよ、釈先生は忙しいのに相手してくれてるの！」

「だよなぁ。だからさ、いつもいろいろ教えてもらうお礼に、今度、何か手伝《てつだ》わせてもらおうぜ。掃除とか」

オレがそう言うと、みんなは大きくうなずいた。

コラム5

山に建《た》っていないのに、お寺には〇〇山という名前がついている！

お寺には『山号《さんごう》』というものがついています。今度、お寺に行ったら門の上や本堂の額《がく》をよく見てください。『〇〇山』や『〇〇山△△寺』って書いていたりします。この呼び方は、中国から来たものなんです。

飛鳥時代《あすかじだい》に日本に仏教が伝来《でんらい》し、奈良時代《ならじだい》には仏教が国の宗教《しゅうきょう》になりました。お坊さんは国家公務員《こっかこうむいん》のようなもので、今の官僚《かんりょう》や国立大学の先生みたいな役割をしていたんです。お寺は役所や大学のような場所。だから、人が多く住む都市にあったんですね。

仏教が生まれたインドでは、お坊さんたちは町のはずれに暮らしていました。『出家』すると、仕事も家庭も持たず、人からいただいたもので暮らさないといけないから、町の近くじゃないとダメなんです。

仏教はインドから中国に伝《つた》わり、『道教《どうきょう》』や『儒教《じゅきょう》』という思想・宗教《しゅうきょう》とくっつきました。『道教』の理想は、山に入って不老不死《ふろうふし》の術《じゅつ》を持つ『仙人《せんにん》』になることなので、山の中で暮らしていたんですね。だから、インドから仏教が来たとき、中国ではお寺が山に建てられたんです。天台山とか五台山とかはよく知られていますよね。

日本では最澄《さいちょう》や空海《くうかい》といったお坊さんたちが、中国の仏教を学んで帰国しました。中国仏教の影響《えいきょう》と、日本にもともとあった山岳信仰《さんがくしんこう》（山を神聖《しんせい》なものとして崇拝《すうはい》する信仰）の影響を受けて、日本でも山にお寺が建てられるようになりました。比叡山《ひえいざん》や高野山《こうやさん》は聞いたことがあるでしょう？　もちろん山の中のお寺ばかりではないのですが、その場合でも○○山っていう『山号』をつけるのです。

第九章　日本人流、宗教《しゅうきょう》とのつきあい方

もうすぐクリスマス。

「アミールくん。イスラム教の人って、クリスマスパーティはするの……？」

「しないよ。その代わり、新年は派手《はで》にお祝《いわ》いするんだ」

ヒナコちゃんが「イスラム教の人がしないんだったら、お寺とか神社の人もしないよね」とつぶやいた。

「そうだね……釈《しゃく》先生はクリスマスプレゼントをもらったことがないかも……」

「じゃあ、今年は釈先生のお寺でクリスマスパーティしようぜ！」

「待ってよ、リク。お寺でクリスマスパーティっていいの？」

とりあえず、釈先生に聞いてみることにした。

イエス・キリストのお誕生日《たんじょうび》は十二月二十五日ではない！

「なるほど、クリスマスパーティですか。楽しそうですね。ところで、みなさん。クリスマスってなんの日か知ってますか？」

「知ってる！　イエス・キリストのお誕生日！」

「リクさん、おしいです！　クリスマスは『イエス・キリストの誕生をお祝いする日』で、お誕生日ではないんですよ」

知らなかった……じゃあ、いつがお誕生日なんだろう？

「イエスさまのお誕生日は不明《ふめい》なんですが、日付《ひづけ》よりも、誕生されたことをお祝いしよう、という気持ちが大事なんです。キリスト教徒《きょうと》はクリスマスにお祝いの礼拝《れいはい》をするんですが、日本ではすっかりお楽しみイベントになって、『宗教《しゅうきょう》的《てき》なもの』という感覚《かんかく》が薄《うす》いようです。バレンタインデーや、近年のハロウィンもそうですね。バレンタインデーはキリスト教に関係《かんけい》した記念日《きねんび》ですし、ハロウィンも古代ケルト人の宗教的なお祭りがもとになっています。クリスマスなんて、わたしが子どもだった五十年ぐらい前は、そんなに騒《さわ》いだりしていませんでしたよ。時代とともにいろいろ変《か》わっていきますねえ」

「日曜日は休みの日」はキリスト教から生まれた！

「大事な日に信者《しんじゃ》じゃない人が大騒《おおさわ》ぎするのは、キリスト教の人はイヤなんじゃないですか……？」

「信仰心《しんこうしん》を持っている人は、パーティやプレゼント交換《こうかん》のような派手なイベントとは全然《ぜんぜん》違《ちが》う過《す》ごし方《かた》をされていますね。教会での礼拝に出席《しゅっせき》したり、家族と静《しず》かに過ごしたり。でも、キリスト教徒じゃなくてもクリスマスをお祝いしてもいいと思います。そもそも、キリスト教徒でもないのに、わたしたちは日曜日をお休みにしてるんですから」

「え？　先生、それ、どういう意味？」

「キリスト教では、イエスさまが十字架《じゅうじか》に磔《はりつけ》にされて亡《な》くなったあと、日曜日に復活《ふっかつ》したと信《しん》じられています。これを記念して日曜日に礼拝が行われるようになったんですが、むかしむかし、ローマ帝国《ていこく》の皇帝《こうてい》が『日曜日は休日にする！』と言ったんです。キリスト教徒以外《いがい》にもこれが広まって、日本でも日曜日はお休みの日になったんですよ」

「へぇ！　知らなかった」

「七福神」の神さまたちには、いろんな宗教の要素《ようそ》が入っている！

「前にもお話ししましたが、わたしたちの生活には、いろんな宗教が溶《と》け込《こ》んでいます。『七福神』って聞いたことありませんか？　日本で親しまれている七人の神さまなんですが、そのうちのひとり、『大黒《だいこく》さま（大黒天《だいこくてん》）』はもともとヒンドゥー教の『シヴァ』という神さまと神道《しんとう》の『大国主命《おおくにぬしのみこと》』が混《ま》ざった神さまで

七福神

上の段右から、毘沙門天《びしゃもんてん》、弁財天《べんざいてん》、寿老人《じゅろうじん》、
下の段右から、恵比寿天《えびすてん》、布袋尊《ほていそん》、福禄寿《ふくろくじゅ》、大黒天《だいこくてん》

す。『弁天《べんてん》さま（弁財天《べんざいてん》）』もヒンドゥー教の『サラスヴァティー』という女神《めがみ》が、神道の『市杵島姫命《いちきしまひめのみこと》』や仏教《ぶっきょう》と混ざったもの。『布袋《ほてい》さま』は禅《ぜん》のお坊《ぼう》さんです。日本の神さまである『えべっさん（恵比寿《えびす》さま）』以外はほかの宗教と混ざってできた神さまなので、調べてみるとおもしろいかもしれませんよ」

「そういうのって、ほかにもあるんですか？」

アミールくんが目をかがやかせながら聞いた。

「いっぱいあって、なにを話せばいいのか……お仏壇《ぶつだん》に飾《かざ》られているお位牌《いはい》については、前に話したことがありますよね？」

「はい、黒くて小さな木の板のことですよね」

「そうです。亡くなった人の戒名《かいみょう》（仏《ほとけ》の弟子《でし》になったことをあらわす名前）や俗名《ぞくみょう》（生前や仏門《ぶつもん》に入る前に名乗っていた名前）、死んだ年月日が書かれたものなんですが、もともとは中国の『儒教《じゅきょう》』という思想・宗教から来ているんです」

日本の仏教と神道の信者数……足すと日本の人口よりも多くなっちゃう!?

「いろいろ混じってるけど、それでもうまくいくんですね……」

「先生。イスラム教徒のボクには、日本人って決まった宗教を持ってる人が少ないなぁって思うんです。言わないだけなのかな？　お寺がいっぱいあるから、日本はやっぱり仏教徒《ぶっきょうと》が一番多いんですか？」

「文化庁《ぶんかちょう》というお役所が、毎年それぞれの宗教に所属《しょぞく》している人の数を調べて発表しています。でも、数字がちょっとおもしろいんです。日本の人口は約一億《やくいちおく》二千四百万《まん》人（二〇一八年）なんですけどね、神道の信者数が約八千七百万人で、仏教の信者数が約八千四百万人。足してみてください」

「えーっと、足すと一億七千万以上《いじょう》……。日本の人口を超《こ》えちゃってます……」

「そう、キリスト教徒やほかの宗教の信者さんを足す前に、すでに日本の人口を超えちゃってる。計算が合わないでしょう？　つまり、仏教と神道、両方でカウントされている人がたくさんいるということです。この数字を見ると、仏教と神道が、わたしたちの宗教文化の大きな土台になっているんだなぁ、と思いますね」

特定《とくてい》の信仰はないけれど、日本人は宗教性《しゅうきょうせい》にあふれている！

「わたしたちもお寺にお墓参《はかまい》りに行くし、神社のお祭りにも行きますもんね」

「そうなんです。キリスト教やイスラム教の人が考える『信者』とはちょっと違うかもしれません。岸和田《きしわだ》のだんじり祭《まつり》や初詣《はつもうで》には毎年たくさんの人が押《お》し寄《よ》せますが、全員が神道の熱心《ねっしん》な信者さんというわけじゃありませんよね？ でも、お祭りという非日常《ひにちじょう》を楽しんだり、参加《さんか》したりする。決まった教団《きょうだん》に所属しているわけではないけれど、仏教や神道などが混じった宗教的な習慣《しゅうかん》や行事をたくさんやっている。それが目に見える日本の宗教の様子です」

『信じる宗教』だけでなく、『感じる宗教』と『行う宗教』もある

「そもそも、日本人はその場その場の宗教に心と体を合わせることが得意《とくい》なのかもしれませんね。みなさんは教会で美しい讃美歌《さんびか》を聴《き》いたり、お寺の本堂《ほんどう》でじっと座《すわ》ったりしていると、気持ちが落ち着いてきたり、しませんか？　宗教というと『信じる』ことだと考えてしまいがちですが、こんなふうに『感じる宗教』もあると思います。それに、ヒナコさんのように毎朝、お仏壇や神棚《かみだな》にお水やお花を供《そな》えたり、手を合わせたりしてから学校に行っている人もいるはずです。無意《むい》識《しき》や習慣でやっている人もいるかもしれませんが、こういうのも宗教のひとつ、『行う宗教』だとわたしは考えているんです」

日本では、いろいろな宗教の人たちが手をつないで輪《わ》になる

「ボクたちイスラム教徒はたったひとりの神さまだけを信じているから、日本人のようにいろいろな宗教のイベントをしているのはちょっとビックリしますけど、そういう日本人の宗教のこと、おもしろくてもっと調べたくなります」

「アミールさんが言うように、イスラム教やキリスト教は信者さんたちがそれぞれ、たったひとりの神さまのほうを向いているんです。多くの日本人は、そういう存在《そんざい》を持たないので、いろんな方向を向いています。ところでね、いろんな方向を向いている人が、となりにいる人と手をつなぐとどうなると思いますか？　みなさん、ちょっとやってみてください」

何が始まるんだろう、とわたしたち四人は先生の言う通り、手をつないでみた。すると——。

「これって……輪になっただけじゃん」とリクくんが口をとがらせた。

「そうなんですよ！　みんな違うほうを向いているのに、輪ができたでしょう？

この状態《じょうたい》だと、どこが先頭でどこが最後《さいご》かわからないので、だれが一番えらい、という順番《じゅんばん》がつけられることもない。ただ、和を乱《みだ》すような人はなかなか受け入れられない。日本の宗教事情《じじょう》はこんな感じなんです」

「そうか、順番が決まっていないから、ケンカすることも少ないんですね」

「ただね、中心となりたい人やグループが現《あらわ》れて、『みんな、こっち来い！』と強引《ごういん》に引っぱっていくことも起こります。みんなで無理《むり》な戦争《せんそう》へむかったのも、そんな事情があったと言われています。たったひとりの神さまだけを見つめている人たちなら、『わたしが信じている神さまはそちらにいないので、行きません』とハッキリ言えたりするんですが……。

強引に引っぱっていってくれる存在を求《もと》めて、『カルト教団』と呼《よ》ばれる危険《きけん》な集団《しゅうだん》に入ってしまう人もいます。違う宗教の人ともなかよくするような日本の宗教心だけでは、物足りないのかもしれません。本当は、日本はとても宗教性が豊《ゆた》かな国なんですけどね」

日本人は『無宗教《むしゅうきょう》』じゃない！

「先生。日本人に宗教を聞くと、『無宗教です』って言われるんです。宗教がない、信じているものがないっていうことですよね？」

「アミールさん、いい質問《しつもん》ですね！　日本人の『無宗教です』というのは、『特定の教団の信者ではありません』という意味であって、その人が宗教的な行為《こうい》や儀式《ぎしき》をしていないわけではないんです。日本人って、けっして宗教無《な》しで暮《く》らしているのではありません」

「え、そうなんだ⁉」

「だってね、リクさん。『無宗教です』って言っているけれど、神社にお参《まい》りに行ったり、法事《ほうじ》をしたり、お墓参りに行ったりしているでしょう？　大安《たいあん》や仏滅《ぶつめつ》といった暦《こよみ》や方角を気にしたり、お守りを大切にしたりする。初詣なんて、お正月の『三が日』だけで全国で九千万人を超える人が神社やお寺に行くんですよ！ほぼ民族大移動《みんぞくだいいどう》みたいなものですよね」

「え、そんなにたくさんなんですか！」

「ビックリするでしょう？　もう、『宗教民族』と言っていいぐらいの数字だと思います。だからこそ、『宗教ってなんだろう』とよく考えたほうがいいですよね。前に『外国の宗教について理解《りかい》を深めることも大事だけど、身近にある宗教に目を向けて、宗教的センスを磨《みが》いてください』と言ったこと、リクさん、ヒナコさん、ハヅキさんは覚《おぼ》えてますか？」

「覚えてます！　あれからうちにあるお仏壇のこと、いろいろ両親に聞きました」

「わたしも……死んだあと、どうなるか家族で話したりしました」

「オレも。通学路にあるお地蔵《じぞう》さんとか神社を観察《かんさつ》するようになった！」

「アミールさんが日本人の宗教に興味《きょうみ》を持つのも、みなさんがイスラム教について質問するのも宗教的センスを磨くことにつながります。そして、『宗教ってなんだろう』って自分なりに答えを見つけていくと、外国の人とのおつきあいが増《ふ》えてきても相手のことを理解しやすいし、こちらのことも理解してもらいやすくなると思いますね」

仏教にもイベントはある！

「ところで、みなさんは『メリシャカ』って知ってますか？」

わたしたちが首を横に振《ふ》ると、釈先生はニッコリと笑《わら》った。

「メリークリスマスは『メリクリ』って略《りゃく》すでしょ？　『メリシャカ』は、メリーお釈迦《しゃか》さまの略なんです」

お釈迦さまのお誕生日は四月八日《ようか》と言われているんだって。

「へぇ、おもしろそう！　神社にもそういうのはないのかなぁ？」

「日本の神さまは八百万《やおよろず》といって、たくさんおられますからね。毎日どなたかのお誕生日かもしれませんね」

その夜、わたしは夢《ゆめ》を見た。

いろんな宗教の神さまが円になって、お互《たが》い楽しそうに「おめでとう」を言い合っている夢だった。

コラム6

宗教は、『自然《しぜん》宗教』と『制度《せいど》宗教』、『市民《しみん》宗教』に分けられる

宗教は大きく『自然宗教』と『制度宗教』のふたつに分類《ぶんるい》されます。埋葬《まいそう》という宗教的行為は『自然宗教』です。教祖《きょうそ》がいるわけでも教団があるわけでもなく、人類《じんるい》であれば、どこの文化圏《ぶんかけん》でも自然と営《いとな》む宗教的なものが『自然宗教』なんです。

一方、わたしたちが宗教と聞いてイメージする仏教やキリスト教は『制度宗教』です。きっちり形や教えの決まっている宗教で、信じている・信じていない、信者である・信者でないという区別《くべつ》がハッキリしているものですね。

信者でなければ、『生きていくのに仏教は必要《ひつよう》ありません』とか『キリスト教は必要ありません』と言うことはできますよね。でも、『宗教は必要ありません』というのは成《な》り立《た》たないんです。人類とは、埋葬や葬儀《そうぎ》といった宗教儀礼《ぎれい》をするものですから。人類は『宗教を持つ動物（ホモ・レリギオースス）』とも呼ばれているんですよ。

経済学《けいざいがく》を知らなくても、物を買ったり売ったりという経済活動をするでしょう？　それと同じで、宗教のことは知らなくても、人類は宗教的な営みを続《つづ》けながら暮らしているんです。

わたしは『自然宗教』と『制度宗教』のほかにもうひとつ、『市民宗教』があると考えています。

『市民宗教』というのは、クリスマスやバレンタインデーのように本来は『制度宗教』の行為だったのに、一般《いっぱん》に溶け込んでだれもそれが宗教だと思っていない行為のことです。わたしたちの生活には、いろいろな宗教が本来の意味を失《うしな》って溶け込んでいるので、信仰しているとか信仰していないという考え方で分類できないものがたくさんあります。

仏教の大きな行事

日本仏教にもさまざまなイベントはあります。各宗派《かくしゅうは》共通《きょうつう》の大きな行事は『お彼岸《ひがん》』『お盆《ぼん》』『除夜会《じょやえ》』ですね。お釈迦さまが生まれた日をお祝いする四月八日の『花まつり』や、お釈迦さまの命日である二月十五日の『涅槃会《ねはんえ》』、お釈迦さまが悟《さと》りを開いた十二月八日の『成道会《じょうどうえ》』も大きなイベントです。

各宗派独特《どくとく》の仏事《ぶつじ》もあって、わたしが所属する『浄土真宗《じょうどしんしゅう》』では、宗祖《しゅうそ》『親鸞聖人《しんらんしょうにん》』の命日である一月十六日（旧暦《きゅうれき》だと十一月二十八日）を意識《いしき》した『報恩講《ほうおんこう》』がとても重要《じゅうよう》です。

お盆とお正月が大きな節目《ふしめ》になるのは、仏教でも神道でも同じですね。特《とく》に、大晦日《おおみそか》に行われる『除夜会』は、除夜のカネをつかないお寺でも必《かなら》ずやっています。年が明けると、『修正会《しゅしょうえ》』というお正月の勤行《ごんぎょう》をやります。

神道では、お正月は『歳神《としがみ》さま』が来る日なので、門松《かどまつ》や鏡餅《かがみもち》など神さまをお迎《むか》えするための準備《じゅんび》が必要になります。「それって仏教徒でもやっている人は多いのでは？」と思われるかもしれませんね。そのあたりはかなり市民宗教化していると言えるでしょう。それに、神道と仏教って双子《ふたご》のような関係で展開《てんかい》してきたので、かなり融合《ゆうごう》しているんです。

あとがき

世の中には、いそがしそうな人がたくさんいます。小学生も習い事をしていたり、塾《じゅく》に行っていたりと、とてもいそがしそうです。

昔のお坊《ぼう》さんはのんびりとお寺にいてお習字をしながら、近所の人たちのお世話をしたり、相談を受けたりしていたんです。

わたしの理想は「ヒマ〜なお坊さん」です。いそがしそうな人に、相談しようという気にはなりませんからね。

ヒナコさんやリクさんたちのように、小学生がわたしのお寺にやってきたことがありました。学校の課外授業《かがいじゅぎょう》だったんですが、「その仏像《ぶつぞう》は売ったら、なんぼになりますか」とかおもしろい質問《しつもん》がいっぱい飛《と》び出《だ》しました。その中に「お寺って何の役に立つんですか」というものがありました。

その時、わたしはこんな風に言ってみました。「おっちゃんは、ここを何の役にも立たない場所にしようと思《おも》てんねん」と。

わたしたちは、「役に立つ、役に立たない」、「損《そん》、得《とく》」、「敵《てき》、味方」という区《く》別《べつ》をしながら暮《く》らしています。そういう判断《はんだん》をしなければ、社会で生きていくことがむずかしくなっているんです。

でも、このお寺に来たら、そういう判断から離《はな》れる時間を持ってもらいたいんです。ですから、「うちのお寺はこんなに役に立っていますよ、ご利益《りやく》がありますよ」というのではなく、本当に「何の役にも立たない場所」にしたいと思っているんです。

お坊さんとして生きることとは、基本的《きほんてき》にはだれでもできると思います。

ただ、現代社会の中で生きるお坊さんに必要《ひつよう》な能力《のうりょく》と言われると、やはりいろいろと思い浮かびます。お寺を管理《かんり》しているお坊さんの場合、事務能力《じむのうりょく》はどうしても必要です。

そして、仏《ほとけ》さまにすべてをまかせる、という態度も必要です。お坊さんとして生きていると、喜《よろこ》びも多いんですが、つらいこともとても多いんです。だから、仏さまの教えを信じる心がないと、続《つづ》かないだろうなぁ、と思います。

お話がうまければ、人気のお坊さんになれるかもしれませんが、上手に話せるからきちんと伝《つた》わるかというと、そうでもなかったりします。

しゃべるのがヘタだったり、口数が少なくても感動させる人っていっぱいいますからね。

先日、ある大学の先生が「海外に行った日本人は、宗教《しゅうきょう》についての議論《ぎろん》が始まると黙《だま》ってしまう」と言っておられました。黙ってしまうから、外国の人は「宗教の話ができないなんて、日本人はなんて教養《きょうよう》がないんだ」と思うようです。

本文でもお話ししたように、日本人は宗教的な行為《こうい》をたくさんやっているのに、宗教についてきちんと向き合って考える機会《きかい》は全然《ぜんぜん》ないんです。でもそれでは具合が悪いんじゃないかな、と思いますね。

この本をきっかけに、ひとりでも多くの人に宗教を向き合ってもらえるなら、こんなにうれしいことはありません。

〈参考文献〉

「仏教ではこう考える」釈徹宗（学研プラス）
「みんな、忙しすぎませんかね？　しんどい時は仏教で考える。」釈徹宗、笑い飯・哲夫（大和書房）
「キリスト教入門」キリスト教学校教育同盟　編（創元社）
NHKテキスト　趣味Do楽「落語でブッダ」（NHK出版）
月刊「同朋」（東本願寺出版）

釈徹宗（しゃくてっしゅう）

1961（昭和36）年大阪府生まれ。

浄土真宗本願寺派・如来寺住職。相愛大学副学長・人文学部教授。大阪府立大学大学院博士課程修了。専門は宗教学。

著書に『法然親鸞一遍』『仏教ではこう考えます』『不干斎ハビアン』『宗教聖典を乱読する』『親鸞―救済原理としての絶対他力―』『落語に花咲く仏教　宗教と芸能は共振する』など。

谷口雅美（たにぐちまさみ）

兵庫県尼崎市在住。

神戸女学院大学卒業後、SE、販売、事務、介護福祉士を経て、2008年より執筆活動を開始。「99のなみだ」「最後の一日」「99のありがとう」などの短編小説集に参加。

著書に『鳥と猫と君とボク』（共著）、『大坂オナラ草紙』。

2011年よりFM尼崎『8時だヨ！神さま仏さま』のアシスタントを務める。

教《おし》えて、釈先生《しゃくせんせい》！
子《こ》どものための仏教入門《ぶっきょうにゅうもん》

2020年９月29日　第１刷発行

著者――――――釈徹宗《しゃくてっしゅう》
谷口雅美《たにぐちまさみ》
絵――――――細川貂々《ほそかわてんてん》
装丁――――――大岡喜直（next door design）
発行者――――――渡瀬昌彦
発行所――――――株式会社講談社
〒112-8001
東京都文京区音羽2-12-21
電話　編集　03-5395-3535
販売　03-5395-3625
業務　03-5395-3615
印刷所――――――株式会社新藤慶昌堂
製本所――――――株式会社国宝社
本文データ制作――講談社デジタル製作

N.D.C. 180　186p　20cm　ISBN978-4-06-520641-6

本書は書き下ろしです。

小学生むきノンフィクションシリーズ

世の中への扉

平和 零戦パイロットからの遺言　半田滋

憧れの零戦に乗って太平洋戦争の激戦地へと飛んだ原田要さん。多くの命を奪い、自らも命を失いかけた原田さんが、戦争の現実を伝えます。

平和 戦争を取材する　山本美香

ゲリラに誘拐されたリル、目の前で友を失ったアブドゥヌール……。女性ジャーナリストが取材した、世界の戦地で懸命に生きる子どもたちの姿。

社会 介護というお仕事　小山朝子

小学生から身につけられる「介護」の基本技術を一冊にまとめました。将来の進路に、介護や福祉の道を考えている人におすすめの入門書です。

社会 ニッポンの刑事たち　小川泰平

なりたい職業ランキング上位の刑事のお仕事を徹底解説！　犯人をどうやって追い詰めているのか？　刑事ドラマが100倍おもしろくなります。

社会 ほんとうの「ドラッグ」　近藤恒夫

ドラッグってどんなもの？　ドラッグはなぜ怖いの？　薬物依存の苦しみから立ち直った著者が、実体験を通して語る、若者へのメッセージ。

社会 柴犬マイちゃんへの手紙　柳原三佳

２人の少年の命を奪った無謀運転による交通事故。不条理な裁判を戦う少年の両親と、遺族を癒やす保健所から引き取られた柴犬の真実の物語。

社会 泥だらけのカルテ　柳原三佳

すべてを奪い去った３・11の巨大な津波。遺体を家族のもとに帰しつづける歯科医の背中が、壊滅状態の故郷の人々を復興に立ち上がらせた！

歴史 おどろきの東京縄文人　瀧井宏臣

東京のどまんなかで大量の人骨を発見！　もしかしたら殺人事件かもしれないと、刑事さんも考古学者もみんな集まって調べたところ……？

スポーツ **王先輩から清宮幸太郎まで早実野球部物語**　中村計

清宮幸太郎選手（日ハム）の甲子園での活躍と、王貞治、荒木大輔、斎藤佑樹ら先輩たちから託された早稲田実業野球部の伝統を描きます。

スポーツ **レジェンド！**　城島充

ソチ五輪でふたつのメダルを獲得したスキージャンプの葛西紀明選手と、葛西選手を育てた下川ジャンプ少年団のがんばりを描いた感動の物語。

スポーツ **〈10秒00の壁〉を破れ！**　高野祐太

桐生祥秀、山縣亮太、S・ハキーム。陸上男子100mの世界にそびえる〈壁〉を、若きアスリートたちは破れるか。0.01秒を縮める日本人の科学と進歩。

生物 **カブトムシvs.クワガタムシ　強いのはどっちだ！**　本郷儀人

夏の雑木林で観察されたバトルのデータを大公開！　男子が大好きな〝夏休みの王様〟たちの生態を、豊富な写真・イラストで伝えます。

生物 **ナックの声が聞きたくて！**　村山司

イルカとお話ししてみたい！　高校生のときに抱いた夢を叶えるため、シロイルカのナックにことばを教える村山先生の20年にわたる奮闘記。

自然 **おどろきのスズメバチ**　中村雅雄

ハッチー先生の40年にわたる研究から、おそろしい「害虫」スズメバチのおどろくべき生態、人とスズメバチの関係などを解き明かします！

自然 ビジュアル版 **ゴミにすむ魚たち**　大塚幸彦

人間のすてたゴミといっしょに、たくましく生きる海の生きものたちのようすを、水中カメラマンが写真と文章でたっぷり伝えます。

社会 ビジュアル版 **となりに生きる動物たち**　共同通信社写真部

東京のレストランに、毎晩水を飲みに来るタヌキをはじめ、わたしたちのすぐ近くで生きている動物たちの写真集です。

以下、続刊

『大坂オナラ草紙』

谷口雅美

一、三〇〇円　講談社

白いページから
江戸時代にタイムスリップ!?

絵が得意な小学５年の平太《へいた》はある日おじいちゃんの納戸で古い冊子をながめているうちに、江戸時代へタイムスリップ！　江戸では人助けの似顔絵書き、現代では学級新聞コンテストと、大忙し!!